# 中國學術思想

研究輯刊

## 十一編

林 慶 彰 主編

## 第 5 冊

## 王禮卿先生《四家詩恉會歸》研究

陳 瑩 珍 著

花木蘭文化出版社

國家圖書館出版品預行編目資料

王禮卿先生《四家詩恉會歸》研究／陳瑩珍 著 — 初版 — 新
北市：花木蘭文化出版社，2011〔民 100〕
目 4+172 面；19×26 公分
（中國學術思想研究輯刊 十一編：第 5 冊）
ISBN：978-986-254-452-5（精裝）
1. 詩經　2. 研究考訂
030.8　　　　　　　　　　　　　　　　　100000688

ISBN-978-986-254-452-5

中國學術思想研究輯刊
十一編　第 五 冊　　　　　　　ISBN：978-986-254-452-5

王禮卿先生《四家詩恉會歸》研究

作　　者　陳瑩珍
主　　編　林慶彰
總 編 輯　杜潔祥
出　　版　花木蘭文化出版社
發 行 所　花木蘭文化出版社
發 行 人　高小娟
聯絡地址　新北市永和區中正路五九五號七樓之三
　　　　　電話：02-2923-1455／傳真：02-2923-1452
網　　址　http://www.huamulan.tw 信箱 sut81518@ms59.hinet.net
印　　刷　普羅文化出版廣告事業
封面設計　劉開工作室
初　　版　2011 年 3 月
定　　價　十一編 40 冊（精裝）新台幣 62,000 元

# 王禮卿先生《四家詩恉會歸》研究

陳瑩珍　著

## 作者簡介

陳瑩珍，畢業於淡江大學中國文學系、雲林科技大學漢學資料整理研究所，師事林葉連先生，專長為詩經、經學，曾發表論文：〈《四家詩怡會歸》對《詩序》的闡揚〉（「紀念王禮卿教授學術研討會」）、〈王禮卿先生之「興」義研究〉（《先秦兩漢學術》第九期《詩經》專刊）、〈論相思〉（淡江文學第 31、32 期），目前任職於新北市立樹林高中。

## 提　　要

　　王禮卿先生歷四十餘年，總歸詩學之一統，成《四家詩怡會歸》一書，其彙研四家之學，以「三義」分證四家詩怡乃流異源同。筆者擬以此書，探討王先生對《詩經》學的重要主張、價值、地位及特殊貢獻。

　　首章緒論，敘述研究動機與目的、研究方法以及前人研究成果探討。

　　次章簡介王禮卿先生與《四家詩怡會歸》一書。

　　第三章介紹王先生對《詩序》之闡揚。讀《詩》必當讀《序》，如此解詩才有依據。而王禮卿先生更進一步將齊魯韓毛四家詩序合觀，分析孰為本義、孰為引申義，替研讀《詩經》者指引一明確之方向，本章主要分析王先生解詩依據為何，藉以明《詩序》對《詩經》的必要性。

　　第四章探討《詩經》六義中的「興」，王先生在書中對「興」體有詳細之分析，本章將以此為基準，找出《詩》中與其相對應之篇章，並與《詩序》合觀，以《詩序》作為解詩之標準，期能使吾人在了解《詩》之興體為何外，又能明詩篇作者如何利用「興」之筆法來成就詩怡。

　　第五章為《四家詩怡會歸》引書舉隅，在此先選取書中「詩怡」為主，分析、統整其所引之書為何，藉此以觀王先生引何書來還原四家詩怡，明其引書之特點、引何書分證四家詩怡。

　　第六章探討書中義疏之學，可得王疏之特色為：

　　（1）援引眾書，較論得失。

　　（2）詳註詳解，分析入微。

　　（3）施加案語，成一家之言。

　　結論總述此書之貢獻與價值：

　　（1）闡發興義，有功於文藝技巧之學。

　　（2）詳注詳解，有功於義疏之學。

　　（3）論證《詩序》，有功於古史。

　　（4）釐清詩篇的本義及引申義。

　　（5）會歸四家詩為一統，解除學界的紛爭。

　　由上述所言，可知王禮卿先生對《詩經》學之貢獻與價值何在，其友成惕軒曾謂「此書為經學最後之筆」，誠可為此書之總評矣！

# 誌　謝

負笈雲科，匆匆三載，就讀碩士班的日子裡，無論在學業或爲人處世的學習上，均收穫甚多，如今已屆豐收時刻，心中充滿了感恩之情。

謝謝指導教授林葉連博士，在論文寫作期間，不厭其煩的給予指導與鼓勵，並指引我研究的方向，從一開始的選題至論文收尾，無一不受老師幫忙。除了課業上的協助，林師在待人接物上，更讓我親炙溫柔敦厚的詩教，使我了解經典並非只是文字，更能落實於生命中，成爲處世的準則。

特別感謝王令樾教授的大力幫忙，藉由訪談，讓我能夠更了解王禮卿先生爲人處世的態度，及其著作內容所要傳達的思想，此外，王教授也給了我許多意見與鼓勵，眞的十分感謝。在蒐集論文資料期間，一度遇到瓶頸，幸而經王美秀老師與台中蓮社連老師的幫忙，才突破了僵局，因有兩位老師的穿針引線，才得以輾轉聯絡上王禮卿先生的後人，在此一併感謝。

論文口試過程中，承蒙口試委員江乾益教授、林登順教授詳細閱讀論文，提供許多寶貴的建議，匡正論文中的缺失，使本論文的謬誤得以減少，更臻完善。

感謝一路相伴的好友們：瑞宏、翔偉、鈞婷、建欣、奕仁、嘉珮，《禮記·學記》云：「獨學而無友，則孤陋而寡聞。」因爲有你們的鼓勵與扶持，學習的路上才不顯孤單，也爲我的研究所生涯，添上一筆瑰麗的色彩。

最後要感謝我的家人：爸爸、媽媽、裕民、裕哲，謝謝你們總是全心包容我的任性，讓我得以追逐夢想、完成學業，感謝竣暉一路陪伴，適時給予我鼓勵，陪我度過寫作的低潮期，你們都是支持我繼續走下去的原動力，也是我心中不滅的力量。

　　學術之路，是孤單且漫長的，在論文寫作期間，要感謝的人實在很多，訴諸筆墨，似也無法一語道盡，謹以此研究成果，獻與曾給過我幫助的人，也希望藉此使王禮卿先生的學說能讓更多同好所認識。

　　　　　　　　　　　　　　　　　　　　陳瑩珍謹誌於漢學所
　　　　　　　　　　　　　　　　　　中華民國九十七年六月二十四日

目

次

# 第一章 緒論

## 一、研究動機與目的

漢朝經學有今、古文之分，實肇因於秦始皇焚書坑儒，孔子的後人將大批竹簡埋藏在牆壁中。漢惠帝時，始廢挾書令，文、景二帝鼓勵民間獻書，但幾乎無書可獻。後有秦博士伏生傳《尚書》，漢武帝時，魯恭王壞孔子宅，而得壁中書，文字古樸難懂，從此，經有今、古文的對壘。

西漢《詩經》學亦有今、古文之分，魯、齊、韓三家爲今文，今文經重微言大義。魯詩傳自魯人申培；齊詩傳自齊人轅固；韓詩傳自韓嬰。三家之學，魯最先出，其傳亦最廣；齊詩尚恢奇，亡佚最早，僅傳至魏朝；韓詩則多引申，此三家詩於西漢時立爲官學。古文經《毛詩》爲毛亨所傳，說經注重章句訓詁，至此展開兩漢《詩經》今、古文之爭。

今文經三家於西漢時立爲博士，並設官講論，發展成績亦甚可觀，反觀《毛詩》則流傳於民間，以私人講學爲主。傳至東漢，《毛詩》傳授轉盛，鄭眾、賈逵、許慎、馬融及鄭玄皆傳《毛詩》，復以《毛詩》爲宗，三家詩則逐漸式微、亡佚。

綜觀前人研究，多將三家詩與《毛詩》視作二種系統，嚴加區別對立，甚至以爲今、古文經之說難以相容。

> ……故詩學原於聖門，而以斯之故，衍分四家，各有家法，奕世傳承，
> 於篇恉詩義，史蹟書證，詁訓傳疏，名物制度，各有其異同得失，而

鏊然競爽，如四瀆分流，莫能匯一。即三家恉意相近，約綜爲今文一流，亦與毛詩多歧，於古文雙流對立。而治詩者袒分左右，各主所尚，源一流四之局，幾至二千年之久，竟不得一別發幾微，挽分裂而重定於一，此詩學之闕憾也。（《四家詩恉會歸·序》，冊一，頁1）

然王禮卿先生歷四十餘年，總歸詩學之一統，成《四家詩恉會歸》一書，其彙研四家之學，以「三義」：本義、引申、推衍，分證四家詩恉乃流異源同，斯其一也。據王先生言，其所爲作，厥有四端：「學會四家，詩發三義，綜析興體之眾例，廣闡文藝於全經，以總歸詩學一統之大本焉。」〔註1〕

王禮卿先生寫作期間博辨古籍，注重音義訓詁，而後從考據到義理思想，以至傳統的文學理論、文學批評都兼及，字數多達二百餘萬字，〔註2〕其書卷帙浩大，共四卷，初出版無著，後由台中蓮社、佛教蓮友慈益文教基金會聯合倡印出版，此書才得以問世。先生成此經學鉅著，其友成惕軒嘗言：「此書爲經學最後之筆」，〔註3〕而四川大學向熹教授亦在《中國詩經學會會訊》中，譽此書爲：「四家詩之絕唱」。〔註4〕

王禮卿先生的著作甚多，筆者將以《四家詩恉會歸》爲主，探討王先生如何將《詩經》學帶入一個全新的境界，並研究此一鉅著的重要主張、價值、地位及特殊貢獻。

## 二、研究方法

### （一）訪談研究法

指調查者依據調查提綱與調查物件，藉由訪談以收集資料的方法，是一種口頭交流式的調查方法。

因本論文是以王禮卿先生《四家詩恉會歸》爲研究對象，在進行深入研究前，必先對其人其事有一通盤之了解，此將有助於筆者深入研究其思想理論。

---

〔註1〕 王禮卿：《四家詩恉會歸·序》，冊一（台中：青蓮出版社，民國84年10月初版），頁1。

〔註2〕 筆者於2007年3月17日上午10:00～10:50以電話方式訪談王禮卿先生之女——王令樾教授（目前任教於輔仁大學中國文學系），前述所言爲訪談內容，詳見附錄一。

〔註3〕 王禮卿：《四家詩恉會歸·序》，冊一，頁3。

〔註4〕 此項資料轉引自林葉連：《〈四家詩恉會歸〉所論《詩經》篇章作者之研究》，《漢學研究集刊》第二期（民國95年6月），頁50。

　　王禮卿先生已於民國 86 年 6 月 18 日逝世，故筆者一開始是從〈王禮卿先生事略〉〔註5〕一文中了解其人及其事蹟，至民國 96 年 3 月經由所上教授——王美秀老師提點，方知王禮卿先生生前與台中蓮社有所交遊，筆者嘗試與台中蓮社聯繫後，經由蓮社中的連老師幫忙，連絡上王禮卿先生之女——王令樾教授，〔註6〕並在民國 96 年 3 月 17 日以電話方式訪談王令樾教授，也藉此讓筆者得以對王禮卿先生其人其事有了多方面而且深切的認識。

### （二）文獻分析法

　　文獻分析法是以系統而客觀的界定、評鑑，採綜括證明之法，確定過去事件的確實性和結論。其主要目的，在於了解過去、洞察現在、預測將來。文獻是屬於具有歷史價值的知識本體，類型有多種分類，今專指具有歷史價值的圖書文物資料，其基本內涵是紀錄過去有歷史價值的知識。

　　在研究論文中，筆者主要以文獻分析法為主，藉由分析文獻來爬梳《詩》之本文，針對有異議者加以論證，以探討編《詩》之本旨。

### （三）對比分析法

　　又稱「比較法」。指將兩個或兩個以上有內在聯繫和具有可比性的事物進行比較，藉以發現差異，並進而分析原因、提出措施的一種分析方法。

　　王禮卿先生在《四家詩恉會歸》一書中，大多依據《詩序》解詩，但並非完全贊同《詩序》的看法，其中有些詩的解釋是以今文經為本義，古文經為引申義，如〈邶風・式微〉：王禮卿先生以為「魯齊為本義，毛為引申義也。」，〔註7〕然此或有可議之處。筆者在此將對這幾篇詩之詩恉作一分析，參以呂祖謙、馬瑞辰、陳奐、陳子展等亦尊《序》解《詩》之著作，將之做一比較，再分析各家解詩不同之因為何，判斷孰是孰非。

## 三、前人研究成果探討

　　或許因為王先生的著作晚出，目前學界尚無專書或學位論文討論王禮卿先生《四家詩恉會歸》一書，在期刊論文中，唯林師葉連曾於《漢學研究集刊》

---

〔註5〕治喪委員會：〈王禮卿先生事略〉，《中國國學》第 25 期（民國 86 年 10 月），頁 233～234。
〔註6〕目前任教於輔仁大學中國文學系。
〔註7〕王禮卿：《四家詩恉會歸》，冊一，頁 388。

第二期發表〈《四家詩恉會歸》所論《詩經》篇章作者之研究〉一文，〔註8〕除此之外，目前學界尚無針對此書作一通盤性研究的著作。

另外，在提到四家詩流異源同的部份，林耀潾於《西漢三家詩學研究》一書中的第六章〈西漢四家詩異同析論〉，亦有論及相關議題。〔註9〕以下試將林師葉連之論文及林耀潾〈西漢四家詩義同析論〉做一簡單之摘述。

## （一）林葉連：〈《四家詩恉會歸》所論《詩經》篇章作者之研究〉

有關《詩經》篇章的作者，目前不少學者以及一般書籍都只以「大多不知其作者」一語帶過，但古代詩人對中國文學作出貢獻，其「作家」之名不應該被抹滅。

林師葉連認為，漢朝今、古文經四家詩——齊、魯、韓、毛的解詩訊息當中，已經明白地指出許多詩篇的作者，尤其《毛詩序》指出較多詩篇作者。

觀王禮卿先生所著《四家詩恉會歸》一書，對於魯、齊、韓、毛四家詩，資料蒐羅豐富，考證精詳，其所論斷的詩篇作者，有很高的參考價值，許多古人古事因此得到彰顯，此篇論文即擬對王禮卿先生考證詩篇作者的部分加以觀察研究，並做一評估推介。

## （二）林耀潾：〈西漢四家詩異同析論〉

在《西漢三家詩學研究》一書中，林耀潾先論西漢三家詩學的時代背景、淵源與傳承，並論其如何通經致用，最後針對西漢四家詩之異同進行析論，其認為西漢四家詩同具諷諫精神與經世精神，雖說詩精神各異，此則因「家法師法，各有不同，其訓解及詩說，亦不能全同。文字、篇次、篇名之異，不關詩說宏旨……。」〔註10〕並舉例說明之，其將四家詩合而觀之，並論其異同，更顯其全面性。

綜上所述，可知學界對於王禮卿先生之學說尚屬陌生，對於其人其事之探討亦稀矣！筆者期望藉著此一研究，使王先生之鉅著能為更多同好所認識，亦為其在《詩經》學中的貢獻，予以評估與發揚。

---

〔註8〕 林葉連：〈《四家詩恉會歸》所論《詩經》篇章作者之研究〉，《漢學研究集刊》第二期，頁 49～98。

〔註9〕 林耀潾：《西漢三家詩學研究》（台北：天工出版社，民國 79 年 9 月，初版），頁 259～326。

〔註10〕 林耀潾：《西漢三家詩學研究》，頁 322。

# 第二章　王禮卿先生與《四家詩恉會歸》

　　在分析王先生《四家詩恉會歸》一書之前，必先對其人及著作有一簡單之了解，以下試分別介紹。

## 一、王禮卿先生之生平簡介

### （一）家世背景

　　王禮卿，山東諸城縣人，民前三年生於浙江衢州，民國86年6月仙逝，年90歲。

　　王家爲書宦世家，家學淵源，家學傳授《昭明文選》，這也影響到王禮卿先生後來著述了《歷代文約選詳評》這套書。祖父爲清代翰林，先生幼承家學，並入私塾讀了五年，後未入現代學校，皆自修學力。因爲有家法的傳承，再加上家中對經學極爲重視，王禮卿先生自幼即奠立深厚的國學基礎，這也是王先生著作領域較廣之原因。

　　王家世代仕宦，家中長輩〔註1〕亦希望王禮卿先生能參加科考，故在教育方面仍是採取傳統的授教方式，沒有進入現代學校就讀。然因時代轉換，民國成立，廢除了科考制，故王禮卿先生轉以自修學力參加全國高考普通行政科，名列全國第四，分發至南京做行政方面的工作，後來回到山東省政府工作。也因爲如此，王禮卿先生覺得對於祖父是可堪告慰了。

　　先生初任行政工作，後隨政府遷台，因爲對政治沒有興趣，後改任教職，

---

〔註1〕　據王令樾教授言，曾祖父希望父親能參加科考，所以在教育方面仍是採取傳統的授教方式，並沒有進入現代學校就讀。（詳見附錄一之訪談稿）

先後擔任多所中等學校之教師，〔註2〕並於成功大學及中興大學、東海大學……等中文系所任教，三十餘年來春風化雨，桃李無數。

## （二）處事態度與人生哲學

王家祖先歷代爲官，是仕宦人家，家族中曾出過狀元，祖業豐隆、家境富饒，也因此王先生在很年輕的時候，即負責主持家計，據王令樾教授言，其父遇到困難時，總是堅強的面對一切事物、不逃避，面對很多事都主張正義，個性堅強且正直。

先生爲人淡泊寧靜、清高自持，對名利不甚重視，在意的是名聲，「人到無求品自高」更是王先生的座右銘，無論在學行或文章上，均爲不朽。其對學問有著過人的堅持，一生誨人不倦，陶鑄群英、化雨均霑。所著宏富，博大精深，不啻爲經師，更爲人師，誠可推尊爲罕見之大儒。

## （三）生命中最有意義的事情

王令樾教授猜想，父親認爲最有意義的事情應該是完成了這些著述。而王先生最滿意的著作，據她推測應爲《四家詩恉會歸》，因爲這一部書的著述時間最長，也最大部頭，她相信父親在完成這部書後也很開心。

王令樾教授說：「在我父親早年開始講授《詩經》課時就有很多心得，當時只是隨手寫一些單篇文章，一直到晚年退休後才開始動筆一章一章的寫。其目的除了是爲了會歸四家詩以外，也是思想、義理與文學的整理會歸。」〔註3〕而王禮卿先生爲了要發揚《詩序》本身的重要性與四家詩的異同，在著述期間不斷翻閱文獻、不斷研究，並參考《皇清經解》、《通志堂經解》等書，所以在《四家詩恉會歸》這套書中是帶著考證性的。王令樾教授強調，父親寫作時，博辨古籍，注重音義訓詁，而後從考據到義理思想，以至傳統的文學理論、文學批評都兼及，此書字數多達二百餘萬字，更可見其對學問用力之深。

其著作一共有五，分別爲《歷代文約選詳評》（成於民國 59 年，130 萬字）、《遺山論詩詮證》（成於民國 63 年，14 萬字）、《文心雕龍通解》（成於民國74 年，62 萬字）、《四家詩恉會歸》（成於民國 82 年，240 萬字）、《唐賢三體詩法詮評》（成於民國 84 年，13 萬字），另有遺稿《誦芬館文集》、《誦芬館詩

---

〔註2〕 台南佳里農校、台南工學院附設工職、台南女中、善化中學等校。
〔註3〕 詳見附錄一，頁 180。

集》，待梓。

### （四）曾發表之單篇論文

1. 〈仁內義外說斠銓〉，《論孟論文集》，頁 353～369。
2. 〈論語諷道之辭例〉，《尉素秋教授八秩榮慶論文集》，頁 9～18。
3. 〈詩「匏有苦葉」恉釋——拙著四家詩恉會歸之一章〉，《大陸雜誌語文叢書第一輯第一冊：通論・經學》，頁 233～234。
4. 〈詩序辨〉，《詩經研究論集》，頁 423～446。
5. 〈《四家詩恉會歸（王禮卿）》〉，《經學研究論叢・第四輯》，頁 365～366。
6. 〈詩邶風「綠衣、燕燕」恉釋——拙著四家詩恉會歸之二章〉，《大陸雜誌語文叢書第二輯第一冊：通論經學哲學》，頁 216～220。
7. 〈詩「式微、旄丘、簡兮」恉釋——拙著四家詩恉會歸之三章〉，《大陸雜誌語文叢書第二輯第一冊：通論經學哲學》，頁 221～224。
8. 〈詩「邶風柏舟」恉釋——拙著四家詩恉會歸之一章〉，《大陸雜誌語文叢書第二輯第一冊：通論經學哲學》，頁 225～230。〔註4〕

## 二、《四家詩恉會歸》

其書卷帙浩大，共四卷，初出版無著，後由台中蓮社、佛教蓮友慈益文教基金會聯合倡印出版，此書才得以問世。據王禮卿先生言，其所爲作，厥有四端：「學會四家，詩發三義，綜析興體之眾例，廣闡文藝於全經，以總歸詩學一統之大本焉。」〔註5〕其目的除爲會歸四家詩以外，也是思想、義理與文學的整理會歸。王禮卿先生爲了要發揚《詩序》本身的重要性與四家詩的異同，博辨古籍，注重音義訓詁，而後從考據到義理思想，以至傳統的文學理論、文學批評都兼及，此書亦帶有考證性。

《詩經》衍分四家：齊、魯、韓、毛，各有家法，分別傳世，「如四瀆分流，未能匯一。」〔註6〕王先生歷四十餘年，彙研四家之學，以三義：本義、

---

〔註4〕 資料來源：國家圖書館文史哲論文集篇目索引系統，http://memory.ncl.edu.tw/
tm_sd/index.jsp，此系統未註明論文集出版時間，故排序按照網頁系統排法。
（查詢時間爲97年5月12日）
〔註5〕 王禮卿：《四家詩恉會歸・序》，冊一，頁1。
〔註6〕 王禮卿：《四家詩恉會歸・序》，冊一，頁1。

引申、推衍,分證四家詩恉乃流異源同,斯其一也,先生成此經學鉅著,其友成惕軒嘗言:「此書爲經學最後之筆」。〔註7〕四川大學向熹教授亦在《中國詩經學會會訊》,譽此書爲:「四家詩之絕唱」,〔註8〕可見其對此書評價之高。以下即針對書中之特色:闡發三義、興義、論證《詩序》等,一一作深入的分析與研究。

〔註7〕 王禮卿:《四家詩恉會歸‧序》,冊一,頁3。

〔註8〕 轉引自林葉連:〈《四家詩恉會歸》所論《詩經》篇章作者之研究〉,《漢學研究集刊》第二期,頁50。

# 第三章　闡揚《詩序》

　　《詩序》之存與廢，是宋朝以來研讀《詩經》者纏訟不休的問題。自漢代以降，學者大多依《序》解《詩》，而至宋代鄭樵、朱子鼓吹廢《序》，影響後代學者甚鉅，從此，治《詩經》者分爲二派：一派主張從《序》解詩，另一派則主張廢《序》。而至清代，《詩經》學四大家——陳啓源、胡承珙、馬瑞辰、陳奐等人，均著書反對朱熹廢《序》之主張，但隨著國力衰弱，傳統經學不受重視，清朝《詩經》四大家的主張因此湮沒在廢經的洪流中。民國以來，若干學者重提《詩經》之學，但卻不假思索地信奉朱熹之說，認爲《詩序》不可信，應就詩之本文讀詩。

　　然讀《詩》不讀《序》是否眞能還原《詩經》之眞實面貌？此乃有待商榷。近人潘重規先生、徐復觀先生、傅隸樸先生、陳子展先生、王禮卿先生、陳新雄先生及林師葉連等多位學者的研究均明確指出一件重要的事：讀《詩》必當讀《序》，如此解詩才有依據。

　　而王禮卿先生更進一步將齊魯韓毛四家詩序合觀，分析孰爲本義、孰爲引申義，替研讀《詩經》者指引一明確之方向，以下先略述歷代學者對《詩序》之誤解，再分析王先生之解詩依據來闡述「說《詩》必宗《詩序》」之理，藉以明《詩序》對《詩經》的必要性爲何。

## 一、歷代學者對《詩序》之誤解

　　最早言明《詩序》之作者爲子夏者乃鄭玄，《詩・常棣》疏引《鄭志》云：「此序子夏所爲，親受聖人。」〔註1〕後王肅、陸璣亦分別對此發表看法：

---

〔註1〕　孔穎達疏：《毛詩正義》，《十三經注疏・詩經》，頁320。

王肅《家語》：

> 子夏所序詩，即今毛詩序也。〔註2〕

陸璣《草木鳥獸蟲魚疏》：

> 孔子刪詩授卜商，商爲之序，以授魯人曾中。〔註3〕

在唐代以前《詩序》的正當性並無受到懷疑，直至唐代以後才漸受批評，如此爭擾不休至清代，民國以後之論述大抵不出前人說法，然謾罵則有過之而無不及，故不予逐一討論反駁。茲論述如下。〔註4〕

## （一）唐　代

《詩序》內容首度遭到批評始於韓愈，「但韓愈也只不過是議論詩序的是非而已，並未懷疑到詩序的作者。」〔註5〕成伯璵以爲：

> 小序，子夏唯裁初句耳，至也字而止。〈葛覃〉，后妃之本也。〈鴻雁〉，
> 美宣王也。如此之類是也；以下皆是大毛自以詩中之意而繫其辭也。
>
> 〔註6〕

因成氏以爲子夏得孔子之意，而《詩序》中只第一句爲子夏所寫，餘皆爲毛公繫其辭，故只首句可取，此開宋人論《序》僅取首句之風。

## （二）宋　代

### 1. 蘇轍（1039～1112）──僅取序之首句

著有《詩經集傳》20卷。

其以爲小序反復繁重，似非一人之詞；故僅存序之首句，以下悉從刪汰：

> ……故予存其一言而已；曰：是詩言是事也，而盡去其餘。〔註7〕

而在解詩方面，轍「於經文之說解，多採自《毛傳》、《鄭箋》；毛、鄭有未安處，乃以己意說之。」〔註8〕可知蘇轍雖疑《序》，但並非完全揚棄，而

---

〔註2〕 王肅注：《孔子家語》，收入《文淵閣四庫全書・子部》第 695 冊（台北：台灣商務印書館，2005 年）頁 695～86。

〔註3〕 陸璣：《毛詩草木鳥獸蟲魚疏》（台北：中華書局，1985 年），頁 70。

〔註4〕 以下所述按其人生年順序排列。

〔註5〕 傅隸樸：《詩經毛傳譯解》（台北：台灣商務印書館，民國 74 年 10 月，初版），頁 24。

〔註6〕 成伯璵：《毛詩指說・解說第二》，收入《通志堂經解（十六）》（台北：台灣大通書局），頁 9106。

〔註7〕 蘇轍：《詩集傳》，收入《文淵閣四庫全書・經部》第 64 冊，頁 70～315。

〔註8〕 林葉連：《中國歷代詩經學》（台北：臺灣學生書局，2000 年 9 月，三刷），頁 249。

是以《序》為主軸，輔以己說。

### 2. 鄭樵（1104～1162）——盡廢序言

著有《詩辨妄》六卷等。

鄭樵以為《詩序》之作者乃村野妄人，故解詩主張盡廢序言，以己意解詩，陳振孫評曰：「專指毛、鄭之妄，謂小序非子夏所作，可也；盡削去之，而以己意為之序，可乎？樵之學雖自成一家，而其師心自是，殆孔子所謂『不知而作』者也。」〔註9〕此評可說懇切。

### 3. 王質〔註10〕（1127～1188）——主張廢序

著有《詩總聞》20卷。

《四庫全書》提要云：「自漢以來，說詩者多依《小序》，蘇轍詩傳始去取相半其廢序言詩，則鄭樵唱而質和之也。」〔註11〕「南宋之初，廢《詩序》者三家，鄭樵、朱子、王質是也；王質廢小序與朱子同，說則各異；自稱覃精研思三十年始成是書。」〔註12〕其論詩，不據《詩序》，惟本詩求義，對《序》有所抨擊：

> 總聞曰：暴男侵貞女，亂世容或有之，而召公之分壞，被美教、成雅俗，不應如此。女故可尚，男為何人？豈文王之化獨及女而不及男耶？（〈行露〉）〔註13〕
>
> 文王之化，何厚薄于男女？貞女不受陵于暴男，固為美也；暴男敢肆陵于貞女，抑何暴耶？此與序〈行露〉之詩，皆所不曉。（〈野有死麇〉）〔註14〕

### 4. 朱熹（1130～1200）——由尊序到廢序

著有《詩集傳》8卷、《詩序辨說》1卷等。

朱子集北宋理學之大成，除研治《四書》有成外，《詩經》研究亦為其學說重點之一。朱子研治《詩經》，最初乃尊崇《詩序》解詩，並時與呂祖謙（1137

---

〔註9〕 陳振孫：《直齋書錄解題》（台北：廣文書局，民國68年5月，再版），卷二，頁99。

〔註10〕 王質考上進士的年代在朱熹之後，學說亦受朱子影響，將之排在朱子之前，乃由於生年早於朱子之故。

〔註11〕 《文淵閣四庫全書・詩總聞》提要，頁72～433。

〔註12〕 林葉連：《中國歷代詩經學》，頁253。

〔註13〕 王質：《詩總聞》卷一，收入《文淵閣四庫全書・經部》第66冊，頁72～450。

〔註14〕 王質：《詩總聞》卷一，收入《文淵閣四庫全書・經部》第66冊，頁72～452。

～1181）切磋討論，《呂氏家塾讀詩記》中，更援引大量朱子之說爲佐證，書中所引「朱子說」即朱熹之意見。後朱熹受鄭樵力詆《詩序》之影響，漸辨破《詩序》，後因認爲《詩序》乃衛宏所作，便揚棄《詩序》，亦造成後世爭論不休之關鍵。

朱子曰：

> 《詩序》，東漢《儒林傳》分明說道是衛宏作。後來經意不明，都是被他壞了。某又看得亦不是衛宏一手作，多是兩三手合成一序，愈說愈疏。〔註15〕

> 《詩序》實不足信。向見鄭漁仲有《詩辨妄》力抵《詩序》，其間語言太甚，以爲皆是村野妄人所作。始亦疑之，後來子（仔）細看一兩篇，因質之《史記》、《國語》，然後知《詩序》之果不足信。因是看〈行葦〉、〈賓之初筵〉、〈抑〉數篇，《序》與詩全不相似。以此看其他《詩序》，其不足信者煞多。以此知人不可亂說話，便都被人看破了。〔註16〕

> 某向作《詩解》，文字初用〈小序〉，至解不行處，亦曲爲之說。後來覺得不安，第二次解者，雖存〈小序〉，間爲辨破，然終是不見詩人本意。後來方知，只盡去〈小序〉，便自可通。於是盡滌盪舊說，《詩》意方活。〔註17〕

由上述可知，初時朱子對《詩序》的態度是雖疑但尚存之，直至讀到范曄《後漢書‧儒林傳》之記載，便遽而斷定《詩序》乃漢儒衛宏所著，非子夏親授聖人之作，從此開啓了《詩經》學的另一條歧路。

《詩集傳》爲朱子詩經學之重要著作，江乾益先生針對此書之特色歸納出幾項要點：

（1）「六義」之新定義

朱熹爲六義下了新定義：〔註18〕

> 風者，民俗歌謠之詩也。（《詩集傳‧國風一》，卷一，頁1。）

---

〔註15〕黎靖德編：《朱子語類》（台北：文津出版社，民國75年12月），第六冊，頁2074。

〔註16〕黎靖德編：《朱子語類》，第六冊，頁2076。

〔註17〕黎靖德編：《朱子語類》，第六冊，頁2085。

〔註18〕以下引文出自朱熹：《詩集傳》（台北：學海出版社，2001年5月，一版）。

雅者，正也，正樂之歌也。其篇本有大小之殊，而先儒說又各有正變之別。以今考之，正小雅，燕饗之樂也；正大雅，會朝之樂，受釐陳戒之辭也。（《詩集傳・小雅二》，卷九，頁99。）

頌者，宗廟之樂歌，大序所謂美盛德之形容，以其成功，告於神明者也。（《詩集傳・頌四》，卷十九，頁223。）

賦者，敷陳其事而直言之者也。（《詩集傳・周南・葛覃》，卷一，頁3。）

比者，以彼物比此物也。（《詩集傳・周南・螽斯》，卷一，頁4。）

興者，先言他物，以引起所詠之辭也。（《詩集傳・周南・關雎》，卷一，頁1。）

（2）廢〈小序〉，而繫詩旨於各章下

於各章後，分析其詩旨，與《詩序》總說一詩之作法不同。

（3）淫詩說

認爲《詩經》中某些篇章（如：〈鄭風・子衿〉）爲淫奔之詩也。

（4）章句不同

對詩句加以校訂。〔註19〕

後代或有學者（如清代詩經學四大家）欲力挽狂瀾猶不可行也，時至今日，仍有學者採信朱說，然攻詰者亦有之。

### 5. 王柏（1197～1274）──攻《序》且改經

著有《詩疑》2卷等。

王柏爲朱熹三傳弟子，其詩經學乃集二宋諸儒反對舊義之表現，最爲人所詬病者，當爲議刪國風一事，程元敏云：

（柏）由懷疑小序，進而掊擊小序；由掊擊小序，衍爲黜棄小序。由不滿毛鄭，發展至輕蔑毛鄭；由輕蔑傳箋，前邁一步，王柏疑毛萇所傳之三百五篇經文亦不可盡信。因謂今詩乃漢儒所編；刪、改漢人之所淆雜，以復夫子之舊，誰曰不可？蓋由廢序極而至於改經也。〔註20〕

---

〔註19〕以上資料出自江乾益：〈朱熹之《詩經》新學術〉，爲江教授於民國96年10月2日18:10～20:00，至雲林科技大學漢學資料整理研究所演講之講稿。

〔註20〕程元敏：《王柏之詩經學》（台北：嘉新水泥公司文化基金會，民國57年10月初版），頁33。

而王柏此種做法，實不足取。林師葉連嘗云：「（柏）攻駁毛、鄭，以及詩序；不僅攻駁經文，進而刪削之；此自有六籍以來，第一怪變事也。」〔註21〕宋代疑《序》者，發展至此可說是極盛之時。

## （三）元、明二朝

元、明二朝爲經學積衰時期，皮錫瑞曰：「論宋、元、明三朝之經學，元不及宋，明又不及元。」〔註22〕元、明二朝基本上是承襲朱子之學，無甚創新之處，學術著作亦株守宋儒之說。

> 元代九十年間，沒有甚麼了不起的學術論著；有的話，無非述朱。因爲仁宗元祐初年，朝廷以朱子經註爲主，命題取士，一時輔翼朱註名爲「彙編」、「纂疏」的書籍，便充斥於坊肆。……這類著作，只便於獵取功名；非但不能述朱，有時正足以賊朱；非但無關實學，反而導致空疏。……坊間有了輯釋、纂疏等書，讀書人不必細讀朱註；有了「經疑」、「經問」諸書，學者甚至連六經本文也可不看，就能考試及格。〔註23〕

實因當時科舉制度以朱子《詩集傳》爲本，尤其明代科舉出題圍於四書五經，且以八股文應試，學子須本聖賢之意寫作，不可擅發議論，經學研究之風遂停擺，而在詩經學方面，「明人詩經學，多附和朱子，或申或補而已；如朱善《詩解頤》四卷之類是也。其有不爲朱所圍者，不過寥寥數家。」〔註24〕

## （四）清　代

清代堪稱經學之復興時代，梁啓超云：

> 綜觀二百餘年之學史，其影響及於全思想界者，一言蔽之，曰：「以復古爲解放」。第一步：復宋之古，對於王學而得解放；第二步：復漢唐之古，對於程朱而得解放；第三步：復西漢之古，對於許鄭而得解放；第四步：復先秦之古，對於一切傳注而得解放；夫既已復先秦之古，則非至對於孔孟而得解放焉不止矣。〔註25〕

---

〔註21〕林葉連：《中國歷代詩經學》，頁257。
〔註22〕皮錫瑞：《經學歷史·經學積衰時代》（台北：台灣商務印書館，1984年），頁56。
〔註23〕程元敏：〈程敬叔的讀經法〉，《孔孟月刊》8卷5期（民國59年1月），頁17～18。
〔註24〕林葉連：《中國歷代詩經學》，頁330。
〔註25〕梁啓超：《清代學術概論》（台北：商務印書館，1994年1月，臺二版，第一

本朝二百年之學術，實取前此二千年之學術，倒影而繹演之。如剝春筍，愈剝而愈近裏。如啖甘蔗，愈啖而愈有味，不可謂非一奇異之現象也。〔註26〕

在《詩經》學方面則出現四大家：陳啓源、胡承珙、馬瑞辰、陳奐等人，其研究《詩經》著力甚深，認爲解釋《詩經》不能沒有《詩序》，「胡承珙對〈詩序〉可謂信守不移，其理由是作〈序〉者『不敢憑虛撰造』，以及『《詩》中大義則經師授受相承』，乃是有本有源的說法。」〔註27〕陳奐亦云：「讀《詩》不讀《序》，無本之教也。讀《詩》與《序》，而不讀《傳》，失守之學也。」〔註28〕而陳啓源、馬瑞辰分別在著作《毛詩稽古編》、《毛詩傳箋通釋》中均強調《詩序》不可廢。然雖此四位學者反對朱熹廢《序》之主張，但清人亦有遵循朱說者，如姚際恆、魏源等人，以下試分別論述。

### 1. 姚際恆（1647～1715）——以史論詩，斷定《詩序》不可信

著有《詩經通論》。

姚際恆以爲《詩序》乃衛宏所作，〔註29〕故不信《序》，且姚氏並據史書斷定《詩序》不可信。姚際恆甚至說：

《詩序》者，《後漢書》云：「衛宏從謝曼卿受學，作《毛詩序》。」《毛傳》不釋《序》，且其言亦全不知有《序》者。〔註30〕

然其解詩卻時有矛盾現象，莫衷一是，令人無所適從，乃肇因其心存廢《序》成見之故。

### 2. 魏源（1794～1857）——批評《詩序》，將其劃分為二

著有《詩古微》17卷等。

次印刷），頁 13。

〔註26〕梁啓超：《中國學術思想變遷之大勢》（台北：台灣古籍出版有限公司，2005年 8 月，初版一刷），頁 177～178。

〔註27〕黃忠慎：〈清代中葉《毛詩》學三大家解經之歧異——以對〈詩序〉、《毛傳》、《鄭箋》的依違爲考察基點〉，《國文學誌》第 6 期（2002 年 12 月），頁 100。

〔註28〕陳奐：《詩毛氏傳疏》，頁 4。

〔註29〕原文：「毛傳不釋序，且其言亦全不知有序者。毛萇，文帝時人；衛宏，後漢人，距毛公甚遠。大抵《序》之首一語爲衛宏講詩傳授，即謝曼卿之屬。而其下則宏自爲也。」

姚際恆：《姚際恆著作集·詩經通論》（台北：長達印刷有限公司，民國 83 年 6 月，初版），頁 3。

〔註30〕姚際恆《詩經通論》，頁 2。

魏源以爲《詩序》首句較可信，稱之「毛序」或「古序」；除此之外，以下多不可信，以爲其爲衛宏所附益者也，稱之「續序」或「衛序」。如〈子衿〉：

> 子衿，刺學校廢也。→「毛序」或「古序」，可信。

> 亂世，則學校不脩焉。→「續序」或「衛序」，不可信。

### 3. 方玉潤（生卒年不詳）

方氏認爲因秦王焚書之故，故僞序乃出，託名子夏，〔註31〕且以爲「大小序皆衛宏所託，未可據以爲信。」〔註32〕

綜觀以上學者反《詩序》之因，不外乎以下二點：

（1）《詩序》作者的問題

或以爲《詩序》非一人所作，或衛宏所作，對此問題，近來許多學者紛紛提出有利之證據加以駁斥。朱熹以爲范曄《後漢書》所云：「初，九江謝曼卿善毛詩，迺爲其訓。宏從曼卿受學，因作毛詩序，善得風雅之旨，於今傳於世。」〔註33〕以此證《詩序》作者乃衛宏無疑，並非前賢所云子夏所著，並認爲此乃鐵證如山，不可撼動之理，實則不然。林師葉連在《中國歷代詩經學》中曾舉述若干理由，證明《詩序》非衛宏所作。朱子所引《後漢書》之說，實節錄自陸璣《毛詩草木鳥獸蟲魚疏》：

> 孔子刪詩，授卜商，以授魯人曾申。……時九江謝曼卿亦善毛詩，
> 乃爲其訓。東海衛宏從曼卿受學，因作毛詩序，得風雅之旨。〔註34〕

可知范曄的這段話是抄自陸璣之書，但未將原文全部抄錄，而是只抄了後半段，故造成此番誤解。〔註35〕

徐復觀從三點斷定《序》絕非出於衛宏之手：

（1）在劉歆《七略》著錄「《毛詩故訓傳》三十卷」時，《毛詩》已
經定型。衛宏生於西漢之末，而活躍於東漢之初，此斷非他的

---

〔註31〕方玉潤：《詩經原始》自序：「迨秦火既烈，而僞序始出，託名子夏，又曰孔子。……」，收入《續修四庫全書》第 73 冊（上海：上海古籍出版社，2002年），頁 2。

〔註32〕方玉潤：《詩經原始》凡例，收入《續修四庫全書》第 73 冊，頁 5。

〔註33〕范曄撰，李賢注，王先謙集解：《後漢書集解》，收入《二十五史》，冊六（台北：藝文印書館，出版年月不詳），頁 919。

〔註34〕陸璣：《毛詩草木鳥獸蟲魚疏》，頁 70～71。

〔註35〕有關《詩序》作者之考證，詳見林葉連：《中國歷代詩經學》，頁 280～287。

年齡所能及。

（2）鄭玄是經學家，范蔚宗是史學家。以生年論，鄭玄約早范氏百年。……他的《詩譜》即《六藝論》，於大小毛公、孟仲子、解延年輩，並能舉其行義爵里；這是來自《毛詩》的傳授。……若衛宏曾為《毛詩》做《序》，這是經學中的一件大事，豈有不一併傳佈下來，而為鄭玄所不知之理。

（3）從《詩序》的內容說，不可能出於衛宏之手。……若此六亡詩之《序》，不先存在於衛宏之前，則衛宏何所憑藉，又有何需要，而作此六篇之《序》；毛公又何緣而補「有其義而亡其辭」一句。〔註36〕

除此之外，徐復觀更從《序》言：「〈般〉，巡狩而祀四嶽河海也。」一句推斷非衛宏所作，因「秦以前皆稱四嶽。秦統一天下以後，五嶽之名，開始出現。至西漢，則除援引先秦古典，如〈堯典〉之四嶽外，無不稱五嶽。由《序》中『四嶽』一詞即可反映出《詩序》豈僅非衛宏所作，亦非出於趙毛公之手。」〔註37〕

大陸學者陳子展在談論到《詩序》作者曰：「……今可得一結論曰：《毛詩大序》『與《三家詩》如出一口』（《詩古微一》附《毛詩大序義》），當為卜商子夏所作，《文選》題名必有所據。《小序》首句蓋出於遒人采詩、國史編詩，太師陳詩之義，不盡合詩之本義。即令其非子夏所作，亦必出於毛公以前甚或子夏以前之「《古序》」（程大昌《詩論》、王先謙《集疏》）。其以下續申之詞為毛公所述，或毛公後人著之，則未能一一辨明。但可斷言者，此必與衛宏《毛詩序》截然為二也。」〔註38〕

而王禮卿先生亦提出其見解，並認為清儒曾樸《補後漢書・藝文志》所列舉之七項理由言之最詳。其中又以第一證理最真確：「具前引鄭志荅張逸問常棣、絲衣，以證鄭君不知為宏作。」王先生申論如下：

鄭氏康成箋毛詩，與序竝行，且為序作箋，則非鄭君不見此序之碻證。曾樸氏謂「鄭君去宏未遠，豈容不見宏序」。不知所謂宏序者即毛序，

---

〔註36〕徐復觀：《中國經學史的基礎》（台北：台灣學生書局，2004年9月，四刷），頁152～153。

〔註37〕徐復觀：《中國經學史的基礎》，頁153～154。

〔註38〕陳子展：《詩經直解・論《詩序》作者》，頁15。

鄭已箋之矣，何不見之有？真所謂不見其睫者也。而鄭君明言子夏毛
公合作，無一字稱宏，是鄭君不知序為宏作之確證也。……漢人注書，
除經文、時人說外，但引其義，多不明著所引之書，體例亦如是，前
引鄭賈國語注等用序者可證，亦非鄭賈等不知序也。是竝不得以漢人
不明言序，即為序不存於漢之證。（《四家詩恉會歸》，冊一，頁 15）

由上述學者之研究成果可知，目前學界已漸導正《序》為衛宏所著之謬說，
反觀鄭樵、朱熹、王柏等人之說，於理不合，亦不攻自破。

（2）對《詩序》內容的抨擊

以為詩乃民間歌謠或男女戀歌，非所謂宣揚后妃之德、文王之化等，強
調《詩序》所言不可信，殊不知此言差矣！

周朝之社會階級劃分的很嚴明，即《左傳》所謂「王臣公，公臣大夫，
大夫臣士，士臣皂，皂臣輿，輿臣隸，隸臣僚，僚臣僕，僕臣臺；馬有圉，
牛有牧。」〔註 39〕在此一制度下，秩序嚴密，君子、小人之間的身分不容更
替（職業採世襲制）。

「《詩經》原是當時政府作為禮樂、教育的資料和檔案保存下來的。」
〔註 40〕其肇因為當時的教育是被貴族所壟斷的，平民多不識字，且缺乏紀
錄之文具，故不可能由平民將詩歌抄錄下來，「其中歌謠部分，相傳是由周
王朝派出采詩專員（所謂行人或道人）搜集得來的。」〔註 41〕可能是王公
貴族所創作，或是由當時政府派官員至各地采詩，再統一潤飾、整理、配樂，
作為朝廷推行政教的工具。林師葉連云：

這是牽涉到《詩經》的本質問題，《詩經》應屬上古的國家政典或是
人民文藝創作的集結？站在「知人論世」的觀點，我們比較贊同章
學誠《文史通義》：「六經皆史」的主張，認為上古時代的環境，不
容民間歌謠創作集結成冊，《詩經》是政府宣揚詩教的工具。〔註 42〕

〔註 39〕《十三經注疏・左傳・昭公七年》（台北：藝文印書館，民國 90 年 12 月，初
　　　　版十四刷），頁 759。
〔註 40〕陳子展：《詩經直解・代序》，頁 1。
〔註 41〕陳子展：《詩經直解・代序》，頁 4。陳氏並於註解中云：「《詩》三百之來源，
　　　　有出于采詩之官道人或行人，有出于采詩之人鰥寡老人之無子者，而諸侯貢
　　　　詩亦或有之，是當為《國風》。有公卿列士所獻之詩，或更有如周公專為制禮
　　　　作樂而造之篇（日本林泰輔《周公傳》）是當為《雅頌》。皆視同檔案或史料，
　　　　故得以保存。」詳見《詩經直解・代序》，頁 8～9。
〔註 42〕林葉連：〈《詩經》的愛情教育──以〈關雎〉篇為中心〉，《文理通識學術論

綜上所述，可知因在位者欲藉易吟詠諷頌之詩來推行政教，讓人民得以接受教化，由野蠻步入文明，故須藉詩來傳達禮樂道德，如以〈關雎〉言后妃之德如雎鳩般摯而有別，以〈桃夭〉喻「男女以正，昏姻以時。」（《詩序》）其中雖有一些觀念在今日看來不合時宜，〔註43〕但吾人應「知人論事」，不可站在今日之時空去批評周朝人之思想有誤，欲明瞭《詩經》之本義爲何，必不可將其創作環境及時代思想拋諸腦後，只純就內容去推敲，必須與《詩序》合觀，才能求得詩中本義，故讀《詩》三百不可無《序》。

## 二、說《詩》必宗《詩序》──《詩序》對《詩經》之重要性

　　王禮卿先生歷四十餘年，彙研四家之學，成《四家詩恉會歸》一書，書中解詩之依據即爲四家詩之詩序，並於書之凡例云「不敢廢序言詩」，以己意解經：

　　　　一、首總經傳。上列經文，下列四家傳說。毛傳居先，以其完備；
　　　　　　三家詩遺文，及師承諸說居次，以會四家傳解。

　　　　二、次標詩恉，即四家小序。亦毛序居先，以其文完具，竝列鄭箋，
　　　　　　佐盡序義，無遺文及說者從蓋闕。詩恉爲一篇總綱，恉明始得
　　　　　　治詩之本。

　　　　（略）

　　　　十一、詩恉一本四家序說，以其去古未遠，學有師承，證之經文經
　　　　　　義，翕合少閒。故不敢廢序言詩，妄逞肬說。

　　　　（略）（《四家詩恉會歸‧凡例》，冊一，頁4～5）

可知其說《詩》必宗《詩序》。王禮卿先生更列舉一例說明《詩序》之重要：

　　　　敂〈芣苢〉之作，若但形女子采撷芣苢之狀，爲即事遣興之詞，里
　　　　巷歌謠，類此者多矣，何爲列之於經，被諸管絃？是固有深意存焉。
　　　　而其義非傳授有源之序，無以明之。即此一詩，足以隅反全序之功
　　　　用矣。（《四家詩恉會歸‧毛詩序攷論》，冊一，頁20）

　　後又舉朱子解〈木瓜〉一詩前後三違，及黃震解〈采葛〉一詩前後互乖之例，言明若捨《序》解詩，必無所依歸，「是知無所依循，則臆測莫決，此

〔註43〕如一夫多妻制：〈樛木〉言后妃能逮下，而無嫉妬之心。

舍序之失之顯證也。序之功用，於此又足以見之。」〔註44〕

王禮卿先生以《序》解詩時，將其分為三義：本義、引申義、推衍義，其中本義與引申義「以作詩者有一己之本意，頌詩者即有觸類旁通之多意，於其辭舊而意轉新，辭仍而意則變，一展轉開（闢），化為多用。如是，作者之原意，即為詩本義；頌者之新意，即為詩引申義焉。」，〔註45〕故可知「大抵詩義明正而直者為本義，迂闊而曲者為引申義。」，〔註46〕而推衍義「大致可約為三類：有就詩之本義為推衍者，有就引申義為推衍者，有就文詞為推衍者。……大抵所演之義愈幽邈者，距詩之本恉愈遠；而其義愈新，其用愈微妙不測。」〔註47〕

有時一首詩中，本義、引申義均有，甚至各家所傳之義亦有所不同，後因本義、引申義漸不明，加以春秋時賦詩言志之解讀不同，斷章取義，推而衍之，故產生詩之推衍義。久而久之，後人便誤以為四家詩序所言差別甚大，此亦為造成四家乖歧之因。

王禮卿先生藉闡明三義之差別，發覺四家詩實流異而源同，於書中泯四家之分，融貫於一，學會四家，總歸詩學之一統，可謂居功厥偉，下即針對王禮卿先生解詩之準則作一分析，以證《詩序》對《詩經》之重要性不容忽視。

## （一）詩之三義

上述已對「三義」之別做了簡單之介紹，而該如何確認詩之本義？唯有仰賴《詩序》。王禮卿先生在界義「本義」時云：

> 本義者：詩人初造此篇，所為作之義也。其義具於四家詩序，而三
> 家序多已亡軼，唯見於論說。（《四家詩恉會歸・詩學總詁》，冊一，
> 頁91）

可知詩之本義乃作者為詩之原意，若能先確認本義，後解詩及言詩之功用才有準則及意義。

徐復觀先生在論《詩序》之價值時指出：

> 《詩序》出現時代的先後，可做判定文獻價值的標準，不一定可做
> 判定詩教價值的標準。同時，若認定《詩序》為有價值，不一定說

---

〔註44〕王禮卿：《四家詩恉會歸・毛詩序攷論》，冊一，頁20。
〔註45〕王禮卿：《四家詩恉會歸・序》，冊一，頁1。
〔註46〕王禮卿：〈王風・黍離・詩攷〉，《四家詩恉會歸》，冊二，頁576，。
〔註47〕王禮卿：《四家詩恉會歸》，冊一，頁58。

每一序皆無瑕疵。若認爲無價值，也不等於説每一序皆無意義。最
重要的是應當看出作《詩序》者的用心所在。……我在《先漢經學
的形成》一文中曾特別指出，周公作詩，本以作教誡之用。據《國
語・周語》邵公諫厲王的話，陳詩本以作教誡之資。此即所謂古人
的「詩教」。我在這裏應首先點明的是，作《詩序》者的用心，乃在
藉《詩序》以明詩教。〔註48〕

此段話將《詩序》之功用與價值表露無遺。

　　王禮卿先生於《四家詩恉會歸》一書中，分析《毛序》及三家詩序，闡
述《詩》中篇章之三義。以下筆者先就王先生所分析之義，作一統整之表，
以俾利吾人瞭解詩篇之本義、引申義、推衍義爲何。

　　符號代表：本義◎　引申義✴　推衍義※　未標號處表未聞此家之説。

| 篇　　名 | 魯 | 齊 | 韓 | 毛 | 備註 |
|---|---|---|---|---|---|
| **周南** | | | | | |
| 關雎 | ◎✴ | ◎✴ | ◎✴※ | ◎ | ◎后妃之德。<br>✴刺時、刺康王。<br>※原義以鐘鼓娛樂之，讀樂爲樂，爲鐘鼓之樂聲；再衍樂聲，爲物類相感相應之性理。 |
| 葛覃 | ◎✴ | ◎✴ | | ◎ | ◎后妃之本（職）。<br>✴恐男女失時。（魯齊兩義並傳） |
| 卷耳 | ✴ | ◎ | | ◎ | ◎后妃之志（輔佐君子）。<br>✴慕遠世也。 |
| 樛木 | | | ◎ | ◎ | ◎后妃逮下<br>齊説：安樂之象（王禮卿先生以爲齊説與毛序無忤） |
| 螽斯 | | ◎ | ◎※ | ◎ | ◎后妃不妬忌，子孫眾多。<br>※爲美后妃子孫眾多，又能教子使賢；故衍其善教一義。 |
| 桃夭 | | ◎ | | ◎ | ◎美昏姻之宜。（毛序以此爲男女以正，婚姻以時，后妃不妬忌所致之詩。齊説以爲邦君嫁娶之詞。兩説雖有君臣之異，要爲美昏姻之宜。） |

---

〔註48〕徐復觀：《中國經學史的基礎》，頁154。

| | | | | | |
|---|---|---|---|---|---|
| 兔罝 | | | ◎ | ◎ | ◎詠兔罝窮處者之賢。（此詩本義涵三義） |
| 茉苢 | ◎ | | ◎ | ※ | ◎婦人傷夫有惡疾，猶守而不去。<br>※和平則婦人樂有子，而和平由后妃之化，故爲后妃之美。 |
| 漢廣 | ※ | | ◎※ | ◎ | ◎德廣所及。（毛序以此爲德廣所及，韓序以爲悅人之詞，兩義互補，實明一恉。）<br>※推漢廣無私犯禮之高潔，於此達情知禮之阿谷處女。 |
| 汝墳 | ◎ | ◎ | ◎※ | ◎ | ◎道化行也。推其本爲文王之化。（四家雖或有偏賅之異，文辭有詳略之殊，然詩恉俱同。）<br>※推衍父母孔邇饑寒之義、於孝子孔邇父母之身。 |
| 麟之趾 | | | ◎ | ◎ | ◎文王化被南國，雖衰世之公子公孫公族，皆仁厚如古代致麟極治之時。 |
| 召南 | | | | | |
| 鵲巢 | ※ | ◎ | | ◎ | ◎美夫人之德。<br>※諸侯厭眾而亡其國。 |
| 采蘩 | | ◎ | | ◎ | ◎美夫人可以奉祭祀，不失其職也。 |
| 草蟲 | ※ | | ※ | ◎ | ◎大夫妻能以禮自防。<br>※爲人君好善。<br>※推憂義於不能修業進德。 |
| 采蘋 | ※ | ◎ | | ◎ | ◎大夫妻能循法度。<br>※刺詩：背宗族而采蘋怨。 |
| 甘棠 | ◎ | ◎ | ◎ | ◎ | ◎美召伯之教明於南國。 |
| 行露 | ◎ | ◎ | ◎ | ◎ | ◎召伯聽訟：彊暴之男，不能侵陵貞女，爲召南申女，夫禮不備，終不肯從，作詩明志。<br>（毛側重於政教之效；三家側重於性情之正。） |
| 羔羊 | ◎ | ◎ | ◎ | ◎ | ◎召南之國化文王之政，在位皆節儉正直。 |
| 殷其靁 | | | | ◎ | ◎召南大夫之妻，閔其勤勞，而勸以義。 |
| 摽有梅 | ◎ | | ◎ | ◎ | ◎男女婚姻得以及時也。 |
| 小星 | | ※ | ※ | ◎ | ◎夫人惠下，使賤妾進御於君。<br>※喻小人在朝也，卑臣遠役，勞苦宵征。 |
| 江有汜 | | ◎ | | ◎ | ◎美媵勤而無怨，致適能悔過。 |

| 詩名 | | | | | 說明 |
|---|---|---|---|---|---|
| 野有死麕 | | | ✳ | ◎ | ◎被文王之化，雖當亂世，猶惡無禮也。<br>✳男女失昏姻之節。 |
| 何彼襛矣 | ✳ | ◎ | | ◎ | ◎美王姬下嫁諸侯，能成肅雝之德及德教之遠。<br>✳齊侯嫁女，詠其乘母之車，美齊女自出之榮及德教之原。 |
| 騶虞 | ◎✳ | ◎ | ◎ | ◎ | ◎美君之仁心，以騶虞喻人君之仁。<br>✳以騶虞（官名）美賢臣之備。 |
| **邶風** | | | | | |
| 柏舟 | ◎※ | ✳ | ※ | ✳ | ◎美衛寡夫人貞壹。<br>✳爲仁而不遇，仁不逢時。<br>※衍爲士君子之不失己。 |
| 綠衣 | | ◎ | | ◎ | ◎妾上僭而夫人失位，衛莊姜傷己也。 |
| 燕燕 | ✳ | ◎✳ | ◎ | ◎ | ◎衛莊姜送歸妾。<br>✳定姜送歸婦。 |
| 日月 | ✳ | | ※ | ◎ | ◎衛莊姜傷己不見荅於君。<br>✳傷宣公之聽讒也。<br>※不足於士而有餘於婦人，以爲士行之玷。 |
| 終風 | | ◎ | | ◎ | ◎莊姜遭州吁之暴，見侮慢而傷己。 |
| 擊鼓 | ◎ | ◎ | | ◎ | ◎國人怨州吁用兵暴亂。 |
| 凱風 | ◎ | ◎ | | ◎ | ◎皆以詩爲孝子所作：魯齊以爲孝子之作；毛以爲美孝子者。（毛主序詩之恉，魯齊主作詩之恉，文異而義同。） |
| 雄雉 | ※ | | ※ | ◎ | ◎刺衛宣公，大夫久役，男女怨曠。<br>※有二義：<br>1.以昏姻夫婦之詩，推諸情欲之事理，以判賢與不肖。<br>2.名利爲害之本，乃廉智所不爲者。 |
| 匏有苦葉 | ✳ | ✳ | | ◎ | ◎刺衛宣公與夫人淫亂。<br>✳賢者不遇。<br>※以公私之輕重，制生死之宜。 |
| 谷風 | ◎※ | ※ | ※ | ◎ | ◎刺夫婦失道。<br>※魯：反推詩義，以明仁道之久遠。<br>齊：推夫婦之誼於朋友之交。<br>韓：推之寬以待人，嚴以律己。 |

| | | | | | |
|---|---|---|---|---|---|
| 式微 | ◎ | ◎ | | ※ | ◎黎莊公夫人不見荅於夫，傅母勸歸，夫人守壹不歸，唱酬之辭。<br>※黎侯寓衛，其臣勸歸。 |
| 旄丘 | ◎※ | ◎※ | ※ | ※ | ◎黎莊公夫人不見荅於君，怨歎而作。<br>※黎臣責衛伯。<br>※爲人爲政之道：爲政不宜峭急；爲人必情行合名。 |
| 簡兮 | | | | ◎ | ◎刺不用賢。 |
| 泉水 | | | | ◎ | ◎衛女思歸。 |
| 北門 | ◎※ | | ※ | ◎ | ◎刺仕不得志。<br>※「天實爲之」安命之言，以明君子修身俟命之義。 |
| 北風 | ◎ | ◎ | | ◎ | ◎刺虐，衛政威虐，百姓攜持而去。 |
| 靜女 | ※ | ◎ | ※ | ※ | ◎季姬俟迎孟姬。<br>※刺衛君無道、夫人無德。<br>※特就不肖者衍之，推夫婦守禮之詩以狀男女幽期之急。 |
| 新臺 | | ◎ | | ◎ | ◎刺衛宣公納伋妻。 |
| 二子乘舟 | ◎ | | | ◎ | ◎毛：傷伋壽爭相而死，國人所作。<br>　魯：伋傅母憂伋壽之危所作。（兩說雖於作者及事、時有異，爲伋壽事而作則同。唯以詩證事，魯義爲長。） |
| **鄘風** | | | | | |
| 柏舟 | ◎ | | ◎ | ◎ | ◎守節之作。 |
| 牆有茨 | | ◎ | ◎ | ※ | ◎刺衛宣公。<br>※衛人刺其上（宣姜及公子頑） |
| 君子偕老 | ※ | | ◎ | ◎ | ◎陳古刺今（刺衛夫人宣姜）。<br>※以睿智成其援助家國之賢行。 |
| 桑中 | | ◎ | | ◎ | ◎刺淫奔。 |
| 鶉之奔奔 | | ◎ | ※※ | ※ | ◎刺宣公奪其子妻。<br>※刺宣姜鶉鵲之不若。<br>※以淫刺之詩，闡仁義精微之理，示人生難決之宜。 |
| 定之方中 | | | | ◎ | ◎美文公。 |
| 蝃蝀 | ◎※ | ◎ | ◎※ | ※ | ◎三家皆主人君淫佚之旨。<br>※止奔之詩，衛文公能以道化其民。<br>※反衍知命之正道。 |

| | | | | | |
|---|---|---|---|---|---|
| 相鼠 | ◎ | ※ | ※ | ✻ | ◎妻諫夫之詞。<br>✻刺在位者無禮。<br>※推極禮之用也。 |
| 干旄 | ※ | ◎ | ※ | ◎ | ◎大夫求賢，賢者樂告以善道。<br>※虛心而人使願告。 |
| 載馳 | ◎※ | ◎ | ◎※ | ◎ | ◎許穆夫人唁衛侯失國之作。（毛謂閔衛，三家以爲疾衛，實則兩義兼賅。）<br>※事物因果相及前後相演，闡發人世彼此交互綿延不絕之奇象。 |
| **衛風** | | | | | |
| 淇奧 | ◎※ | | ※ | ◎ | ◎美武公之德。<br>※推切磋琢磨之效。 |
| 考槃 | ◎ | | | ◎ | ◎詠賢者退隱。 |
| 碩人 | ◎ | ✻ | | ✻ | ◎傅母砥礪莊姜。<br>✻國人閔莊姜賢而不答，終以無子。 |
| 氓 | | ◎ | ※ | ◎ | ◎自悔。<br>※推「勿過樂」之旨於身心，調和心志，明其防禁之道。 |
| 竹竿 | | | | ◎ | ◎衛女不見答而思歸。 |
| 芄蘭 | ◎ | | | ◎ | ◎刺惠公驕而無禮。 |
| 河廣 | | ◎ | | ◎ | ◎宋襄公母歸衛思子。 |
| 伯兮 | | ◎ | | ◎ | ◎君子行役，爲王前驅，過時不反，室家思之，刺時也。 |
| 有狐 | | ◎ | ※ | ◎ | ◎男女失時，喪其妃耦，刺時也。（齊單明次章；毛賅括全篇。）<br>※憂民無衣食，爲王政之本。 |
| 木瓜 | ✻ | | | ◎ | ◎衛人美齊桓相救之德，而思厚報。<br>✻苞苴時有，臣下思報禮。 |
| **王風** | | | | | |
| 黍離 | ◎※ | | ◎※ | ✻ | ◎周大夫行役，覩故宮盡爲禾黍，閔周室之顛覆。<br>✻衛宣公子壽閔其兄伋將見害。<br>※遘父子之變，弟憫兄之詩。 |
| 君子于役 | | | | ◎ | ◎君子行役無期度，大夫思其危難，以刺平王。 |

| | | | | |
|---|---|---|---|---|
| 君子陽陽 | | | ◎ | ◎君子遭亂，相招爲祿仕，閔周政衰。 |
| 揚之水 | | | ◎ | ◎刺平王不撫其民，遠戍母家，周人怨思焉。 |
| 中谷有蓷 | ※ | | ※ ◎ | ◎凶年饑饉，室家相棄，閔周政衰。<br>※人生萬事，不慎前而悔後，悔亦無及。 |
| 兔爰 | | | ◎ | ◎閔周：桓王失信，諸侯背叛，王師傷敗，君子不樂其生。 |
| 葛藟 | | ◎ | ◎ | ◎周室道衰，王族刺平王棄其九族。 |
| 采葛 | ◎ | | ◎ | ◎懼讒。 |
| 大車 | ◎ | ✳ | ✳ | ◎息夫人死節。<br>✳刺周大夫不能聽男女之訟。 |
| 丘中有麻 | | | ◎ | ◎莊王不明，賢人放逐，國人思賢也。 |
| **鄭風** | | | | |
| 緇衣 | | ◎ | ◎ | ◎美武公。 |
| 將仲子 | | | ◎ | ◎刺莊公不勝其母，以害其弟，祭仲勸而弗聽，小不忍以致大亂。 |
| 叔于田 | | | ◎ | ◎叔段繕甲治兵，出田而國人說，刺莊公失教也。 |
| 大叔于田 | | | ※ ◎ | ◎叔段負其才勇，不義而得眾，刺莊公不能禁之。<br>※推其理於御天下之道。 |
| 清人 | | ◎ | ◎ | ◎公子素刺文公惡高克，而退不以道，危國亡師。 |
| 羔裘 | ※ | | ※ ◎ | ◎言古之君子，刺朝無忠正之臣。<br>※見危授命，舍命不渝。 |
| 遵大路 | | | ◎ | ◎莊公失道，君子去之，國人思望焉。 |
| 女曰雞鳴 | | ◎ | ◎ | ◎陳古刺今：古賢士好德不好色，刺今不悅德而好色。 |
| 有女同車 | | | ◎ | ◎鄭人刺忽之不昏于齊。 |
| 山有扶蘇 | ✳ | ✳ | ◎ | ◎刺忽所美非美。<br>✳任人賢否傎倒。 |
| 蘀兮 | | | ◎ | ◎刺忽失政。君弱臣強，不待君倡而臣自和。<br>※演爲婦待夫唱而後和，明妻道也。 |
| 狡童 | | | ◎ | ◎刺忽不與賢人圖事，致權臣擅命。 |

| | | | | |
|---|---|---|---|---|
| 褰裳 | | | | ◎ | ◎狂童恣行，國人思大國之正己也。 |
| 丰 | | | | ◎ | ◎刺亂時：昏姻道缺，女不隨男。 |
| 東門之墠 | | ◎ | | ◎ | ◎刺亂：禮義不行，男女不待禮而相奔。 |
| 風雨 | | | | ◎ | ◎思君子雖亂世而不改其節度。 |
| 子衿 | | | | ◎ | ◎刺亂世學校廢也。 |
| 揚之水 | | | | ◎ | ◎閔忽無忠臣良士，終以死亡。 |
| 出其東門 | | | | ◎ | ◎閔亂：兵革不息，致男女相棄，而猶有思保其室家者。 |
| 野有蔓草 | ◎ | | ◎ | ◎ | ◎思遇賢。 |
| 溱洧 | ◎ | ◎ | ◎ | ◎ | ◎刺淫亂：男女相棄，淫風大行。 |
| **齊風** | | | | | |
| 雞鳴 | ◎※ | ◎ | ◎ | ◎ | ◎憂讒姬而思賢妃。（憂讒為因，思賢為果，乃一事之兩面。四家說分而悟一，說異而悟同。）<br>※演夫人之敬，敷於君子德學政事之多方。 |
| 還 | | | | ◎ | ◎刺哀公荒於田獵，國人化而成俗。 |
| 著 | | | | ◎ | ◎刺時不行親迎。 |
| 東方之日 | | | | ◎ | ◎刺政教之衰，君臣失道，男女淫奔。 |
| 東方未明 | ※ | ※ | | ◎ | ◎刺朝廷興居無節，號令不時。<br>※轉反義為正理，以明古君召臣之理。 |
| 南山 | | | | ◎ | ◎刺齊襄公淫乎其妹。 |
| 甫田 | ※ | ※ | | ◎ | ◎刺襄公無德義而求諸侯。<br>※1.就君國衍之於脩身，必勤身脩德。<br>2.推明晉文公切念舟之僑之旨。<br>3.推之天子治全國之理，不宜弊內而開邊廣土。 |
| 盧令 | | | | ◎ | ◎刺襄公荒於田獵，不脩民事，百姓苦之，陳古以諷。 |
| 敝笱 | | | | ◎ | ◎刺文姜淫亂。 |
| 載驅 | | ✳ | | ◎ | ◎刺襄公、文姜於魯道淫會。<br>✳刺哀姜嫁魯，中道流連，久處不入。 |
| 猗嗟 | | | | ◎ | ◎刺魯莊公徒有威儀技藝，而不能以禮防閑其母，失子之道。 |
| **魏風** | | | | | |
| 葛屨 | | | | ◎ | ◎刺魏君儉嗇褊急，無德教以將之。 |

| | | | | |
|---|---|---|---|---|
| 汾沮洳 | | | ※ | ◎ | ◎刺魏君仔儉勤而不得禮。<br>※由容色，對衍君子之美德，並深推君子獨行之美。 |
| 園有桃 | | | ※ | ◎ | ◎刺時：大夫憂魏君國小而迫，又儉以嗇，不能用民力，且無德教，日以侵削。<br>※推於君子天地同憂之遠大。 |
| 陟岵 | | ◎ | | ◎ | ◎孝子行役，思念父母。 |
| 十畝之間 | | | | ◎ | ◎刺時：魏國削小，民無所居。 |
| 伐檀 | ◎ | ◎ | ◎※ | ◎ | ◎既傷賢人之不遇，竝刺貪鄙之尸位。<br>※衍爲賢者內省之功。 |
| 碩鼠 | ◎※ | ◎ | ※ | ◎ | ◎刺君重斂於民，不修其政。<br>※以窮民求生之無奈，衍爲賢者去就之識幾。 |
| **唐風** | | | | | |
| 蟋蟀 | ◎ | ◎ | | ◎ | ◎刺儉。 |
| 山有樞 | | | ※ | ◎ | ◎刺昭公不能正國，有財不能用，政荒民散，將亡於鄰。<br>※衍之子賤無爲而治，故亦無須於衣裳車馬之用。 |
| 揚之水 | | ◎ | | ◎ | ◎刺昭公：昭公分國以封沃，沃強晉弱，國人將叛焉。 |
| 椒聊 | | | ※ | ◎ | ◎刺昭公：沃盛強，子孫蕃衍，將有晉國。<br>※衍之爲君子積厚流光之行。 |
| 綢繆 | | | | ◎ | ◎刺晉亂，昏姻不得其時。 |
| 杕杜 | | | | ◎ | ◎刺時：晉君不親宗族，獨居無兄弟，將爲沃所并。 |
| 羔裘 | | | | ◎ | ◎刺時：刺卿大夫不恤其民。 |
| 鴇羽 | | ※ | ※ | ◎ | ◎刺時：君子下從征役，不得養其父母。<br>※1.衍之於吏不奉法撫民，致民愁苦而怨思。<br>　2.世亂人民貧苦，士子亦舍所學而願富，孔子因而傷己道之不行。 |
| 無衣 | | | | ◎ | ◎美武公。 |
| 有杕之杜 | | | | ◎ | ◎刺武公不求賢而自輔。 |
| 葛生 | | | | ◎ | ◎刺晉獻公好攻戰，國人多喪矣。 |
| 采苓 | | | | ◎ | ◎刺晉獻公好聽讒。 |

| 秦風 | | | | | |
|---|---|---|---|---|---|
| 車鄰 | | | | ◎ | ◎美秦仲：秦仲由附庸命爲大夫，國位始大，有車馬禮樂侍御等美好文物。 |
| 駟驖 | | | | ◎ | ◎美襄公始命爲諸侯，有田狩園囿之樂。 |
| 小戎 | | | ※ | ◎ | ◎美襄公政教之詩。<br>※孔子衍傷情之詠，爲慎行之訓。 |
| 蒹葭 | | | | ◎ | ◎刺襄公未能用周禮，將無以固其國。 |
| 終南 | | | ※ | ◎ | ◎襄公能取周地，受諸侯顯服，大夫美而戒勸。<br>※由容色推及言行。 |
| 黃鳥 | ◎ | ◎ | ◎ | ◎ | ◎哀三良，刺穆公以人從死。 |
| 晨風 | ※ | | ※ | ◎ | ◎刺康公棄賢臣。<br>※以詩之忘我，表此之忘己。 |
| 無衣 | | | | ◎ | ◎刺秦軍好用兵，而不與民同欲。 |
| 渭陽 | ◎ | | ◎ | ◎ | ◎康公送舅念母。 |
| 權輿 | | | | ◎ | ◎刺康公忘舊臣，禮賢者有始無終。 |
| 陳風 | | | | | |
| 宛丘 | | ◎ | | ◎ | ◎刺淫荒、巫俗。（太姬好祭用巫，嗣君循之，化行於士民，學巫鼓舞之際，男女羣處，寖久淪於淫洗。毛齊兩義兼備，但有隱顯之別。） |
| 東門之枌 | | ◎ | | ◎ | ◎刺淫亂、巫俗。同〈宛丘〉。 |
| 衡門 | ※ | | ※ | ◎ | ◎僖公愿而無立志，詩人誘掖其君。<br>※魯：以詩之樂志，證老萊子卻聘之樂志。<br>　韓：由讀詩樂道衍詩有表裏之異。 |
| 東門之池 | ※ | | ※ | ◎ | ◎刺時：疾君淫昏，思賢女以配，以化正之。<br>※賢妻規夫，樂貧行道。 |
| 東門之楊 | | | | ◎ | ◎刺其時政俗弊敗，昏姻失時。 |
| 墓門 | ※ | | | ◎ | ◎刺陳陀無良師傅，至後有弑君自立，不義之惡，播於萬民。<br>※衍之辯女以禮儀服人。 |
| 防有鵲巢 | | | | ◎ | ◎刺宣公信讒，君子憂讒賊。 |
| 月出 | | | | ◎ | ◎刺在位好色不好德。 |
| 株林 | | | | ◎ | ◎刺靈公淫乎夏姬。 |

| | | | | |
|---|---|---|---|---|
| 澤陂 | | | ◎ | ◎刺時：民被靈公君臣荒淫之化，故男女相悅，離則憂思感傷。 |
| **檜風** | | | | |
| 羔裘 | | | ◎ | ◎君不用道，不能自強於政治，大夫以道去其君。 |
| 素冠 | ※ | | ◎ | ◎刺不能行三年之喪。<br>※衍爲節婦痛夫亡而傷悲，願與同歸於死。 |
| 隰有萇楚 | | | ◎ | ◎疾其君淫恣，因思無情欲者。 |
| 匪風 | ※ | | ◎ | ◎檜之國小政亂，憂及禍難，而思周道拯難。<br>※衍於求楚之賢人，留輔楚之國政。 |
| **曹風** | | | | |
| 蜉蝣 | | ◎ | ◎ | ◎刺昭公國小而無法自守，好奢而任小人，將無所依。 |
| 候人 | | | ◎ | ◎刺遠君子而近小人。 |
| 鳲鳩 | ※ | ※ | ※ | ◎ | ◎在位無君子，用心不壹。<br>※1.分則敗，一則成。<br>　2.慈母以一心養八子，美其用心均一。<br>　3.御民恩義之均平。<br>　4.養民如一。<br>　5.反推所以不一之象，即由身之不正，言之不信。<br>　6.拓其理於學問，發而著之。<br>　7.推其衣食不足時，世俗鄙之，安民業就時，世始尊之。 |
| 下泉 | | ◎ | ◎ | ◎曹人疾共公侵刻下民，憂而思明王賢伯。 |
| **豳風** | | | | |
| 七月 | ◎ | ◎ | ◎ | ◎陳王業：周公遭變，風化所由，致王業之艱難。 |
| 鴟鴞 | ◎ | ◎ | ◎ | ◎周公救亂，而成王位之公之志，公乃遺王此詩。 |
| 東山 | | ◎ | ◎ | ◎周公東征管蔡以救亂，三年而歸，勞歸士。 |
| 破斧 | ✳ | ✳ | ◎ | ◎美周公東征，而惡四國叛亂。<br>✳美周公東行述職，行黜陟而諸國皆正。 |
| 伐柯 | | | ◎ | ◎美周公。周大夫刺朝廷。（刺源於美，美以出刺，若二而實一。） |

| | | | | | |
|---|---|---|---|---|---|
| 九罭 | | | | ◎ | ◎美周公，且刺朝廷不知。（與〈伐柯〉恉同） |
| 狼跋 | | | | ◎ | ◎當周公攝政，在遠時則四國流言，在進時則王不知忠，而公始不失其聖德。 |
| **小雅** | | | | | |
| 鹿鳴 | ✻ | ◎ | ◎ | ◎ | ◎宴羣臣嘉賓。<br>✻大臣刺君不能養賢，周道陵遲。 |
| 四牡 | | ◎ | ✻ | ◎ | ◎君勞使臣歸來。<br>※1.貴富智爲賤貧愚所惡，以其相形見絀，故痛惡於心。<br>　2.發事君所以爲親之義，以明父重於君之理。 |
| 皇皇者華 | | ◎ | ✻ | ◎ | ◎君遣使臣。<br>※使臣無失君言，猶鼓瑟執記其絃柱，則成僨事失職之命。 |
| 常棣 | | | ◎ | ◎✻ | ◎燕兄弟：周公閔管蔡失道。<br>✻鄭箋：召穆公引申爲怨刺之詩，申親兄弟之道。 |
| 伐木 | ✻ | ◎ | ✻ | ◎ | ◎燕友。<br>✻德衰政失之刺詩。<br>※由三樂三費以闡人理，繼述子夏推實受之義，而探發人與人間虛實之得失。 |
| 天保 | ✻ | ◎ | ✻ | ◎ | ◎君能下臣以成其政，臣能歸美以報其上。<br>※由君位之實義，衍爲性命之深境，以見王者所以能保位之本，在性命之順養。 |
| 采薇 | ✻ | ✻ | | ◎ | ◎文王遣戍役，以禦昆夷玁狁。<br>✻怨刺：周室既衰，戎狄交侵，出師踰時。 |
| 出車 | ✻ | ✻ | ✻ | ◎ | ◎文王命將征伐戎狄，師旋而勞將率。<br>✻傷今思古：今之繇役踰期，民人之苦。<br>※物有所感，事有所適。 |
| 杕杜 | | ✻ | | ◎ | ◎文王命將士征玁狁西戎，師旋而勞戍役。<br>✻刺時：踰時久役，家人思痛。 |
| 魚麗 | | ◎✻ | | ◎ | ◎美萬物盛多，能備禮也。<br>✻傷今思古之刺詩。 |
| 南陔 | | | | | 笙詩，王禮卿先生未標明三義。 |
| 白華 | | | | | 笙詩，王禮卿先生未標明三義。 |

| 華黍 | | | | | 笙詩，王禮卿先生未標明三義。 |
|---|---|---|---|---|---|
| 南有嘉魚 | | ◎ | | ◎ | ◎太平君子樂與賢者共處。 |
| 南山有臺 | | ◎ | | ◎ | ◎樂得賢者，為邦立家立太平之基。 |
| 由庚 | | | | | 笙詩，王禮卿先生未標明三義。 |
| 崇丘 | | | | | 笙詩，王禮卿先生未標明三義。 |
| 由儀 | | | | | 笙詩，王禮卿先生未標明三義。 |
| 蓼蕭 | | | | ◎ | ◎天子澤及四海。 |
| 湛露 | | ◎ | | ◎ | ◎天子燕諸侯。 |
| 彤弓 | | | | ◎ | ◎天子錫有功諸侯。 |
| 菁菁者莪 | ◎※ | | | ◎ | ◎樂人君育材。<br>※1.陳義而見國君，故心喜見納。<br>　2.瘤女之賢德，成於父母之教養。 |
| 六月 | ◎ | ◎ | | ◎ | ◎宣王命將北伐玁狁。 |
| 采芑 | | | | ◎ | ◎宣王南征荊蠻。 |
| 車攻 | | ◎ | | ◎ | ◎復古：宣王復文武境土，復會諸侯於東都，因田獵而選車徒。 |
| 吉日 | | | | ◎ | ◎美宣王田獵之事，能慎微接下，而下亦自盡誠心以奉上。 |
| 鴻鴈 | | | | ◎ | ◎美宣王：承厲王衰亂之敝，民離散不安其居，而能勞來還定安集之，鰥寡皆得其所。 |
| 庭燎 | | | | ◎ | ◎美宣王早朝勤政。 |
| 沔水 | | | ※ | ◎ | ◎規正宣王也。<br>※應力避傷害最烈之三端：文士之筆、武士之鋒、辯士之舌。 |
| 鶴鳴 | ◎ | ◎ | ※ | ◎ | ◎誨宣王：教宣王求賢人之未仕。<br>※賢者禍福屈伸，非關於才德，乃繫於遇之與時。 |
| 祈父 | | ◎ | | ◎ | ◎刺宣王。<br>※有反正之雙衍：衍為人子孝與不孝心行之別，以明孝之精理。 |
| 白駒 | ◎ | | ◎ | ◎ | ◎刺宣王。<br>傷失賢友，望還不得而懷思。 |
| 黃鳥 | | ◎ | | ◎ | ◎刺宣王。（既嫁不荅，思復邦國。不見荅故思復邦國，不以禮故不得不去。） |

| | | | | |
|---|---|---|---|---|
| 我行其野 | | ◎ | | ◎ | ◎刺宣王。（既嫁不荅，思復邦國。文義與〈黃鳥〉竝同。） |
| 斯干 | ◎ | | | ◎ | ◎宣王成室。 |
| 無羊 | | | | ◎ | ◎宣王興牧人之職，復先王牛羊之數，牧事有成。 |
| 節南山 | | ◎ | | ◎ | ◎周大夫家父刺幽王。 |
| 正月 | | ※ | ※ | ◎ | ◎大夫刺幽王。<br>※1.朝廷小人之眾，以傷治國之憂患。<br>　2.君子雖隱遁，其德甚明而顯在。 |
| 十月之交 | | | | ◎ | ◎大夫刺幽王。 |
| 雨無正 | | | ◎ | ◎ | ◎刺幽王政令不一。 |
| 小旻 | ※ | | ※ | ◎ | ◎大夫刺幽王。<br>※1.養士雖多而無賢。<br>　2.畏行己之殆而誠思，由人旋己，自畏返脩。<br>　3.戒慎多言之禍患，竝由言禍及於事禍。<br>　4.畏庶民如載舟覆舟之險危。 |
| 小宛 | | | ※ | ◎ | ◎大夫刺幽王。<br>※卿大夫處位之憂患。 |
| 小弁 | ※ | | ※ | ◎ | ◎刺幽王，太子傅代太子作。<br>※1.物之愛心不知懼。<br>　2.大者無不容。 |
| 巧言 | | ◎ | ※ | ◎ | ◎刺幽王。巧言亂國，大夫傷於讒。<br>※1.正明失賢者亡，反衍得賢者昌。<br>　2.擴爲以色、目、言合察，衍成忖度之奇術。 |
| 何人斯 | | | | ◎ | ◎暴公譖蘇公，蘇公以此刺暴公。 |
| 巷伯 | | | ※ | ◎ | ◎寺人傷於讒，刺幽王（責讒人即刺幽王之聽讒）。<br>※推不信之義，衍爲言行俱不見信之事。 |
| 谷風 | ◎ | | ※ | ◎ | ◎刺幽王：天下俗薄，朋友道絕。<br>※衍爲掩友才而棄新。 |
| 蓼莪 | | ◎ | ※ | ◎ | ◎刺幽王：民人勞苦，孝子不得終養。<br>※衍於父教養子慈愛之序。 |

| | | | | | |
|---|---|---|---|---|---|
| 大東 | ◎ | ◎ | ※ | ◎ | ◎刺亂：困於役而傷於財，政亂、賦歛重。<br>※1.國不能戰，有等於無。<br>　2.官之廢職，爲君非其人。 |
| 四月 | | ◎ | ◎※ | ◎ | ◎大夫刺幽王：在位貪殘，下國構禍，怨亂竝興。<br>※正衍爲恣人逆天惡政之總本，反衍爲循性合天善政之總綱。 |
| 北山 | | ◎ | | ◎ | ◎大夫刺幽王，役使不均，勞於從事，不得養父母。 |
| 無將大車 | | ◎ | | ◎ | ◎大夫悔將小人。 |
| 小明 | | | | ◎ | ◎大夫悔仕於亂世。 |
| 鼓鐘 | | | | ◎ | ◎刺幽王。 |
| 楚茨 | | | ※ | ◎ | ◎政煩賦重，田荒饑饉，民卒流亡，祭祀不饗，故君子思古刺今。<br>※1.王者治天下之用禮，諸侯皆由於禮，故遠近之民，僻陋之國，皆如赤子歸慈母之歡笑。<br>　2.衍爲其度變化無定，以無定之禮，寄有定之禮中。<br>　3.由禮儀之無過，推於爲人下之道。 |
| 信南山 | | | | ◎ | ◎思古刺今：幽王不能修成王之業，疆理天下，以奉禹功。 |
| 甫田 | | | | ◎ | ◎傷今思古，刺幽王。 |
| 大田 | | | ※ | ◎ | ◎刺幽王：萬民饑饉，矜寡不能自存活。<br>※衍爲天子諸侯大夫士不言貨利多少得喪，富貴家皆不營財，不與民爭利，故孤窮得以全活。 |
| 瞻彼洛矣 | | | | ◎ | ◎刺幽王不能爵命諸侯，賞善伐惡，因思古明王也。 |
| 裳裳者華 | ◎ | | | ◎ | ◎刺幽王。古之仕者世祿，今則小人在位，棄賢者之類，絕功臣之世。 |
| 桑扈 | | | | ◎ | ◎陳古刺今：刺幽王君臣動無禮文。 |
| 鴛鴦 | | | | ◎ | ◎思古明王交萬物有正道，自奉養有節制，刺幽王不能然。 |
| 頍弁 | | | | ◎ | ◎諸公刺幽王暴戾無親，不能燕樂同姓，親睦九族，孤危將亡。 |

| | | | | | |
|---|---|---|---|---|---|
| 車舝 | | | | ◎ | ◎刺幽王。褎姒爲后嫉妒，讒人敗國，德不及民，大夫思得賢女以配君。 |
| 青蠅 | | ◎ | | ◎ | ◎大夫刺幽王，刺信讒。 |
| 賓之初筵 | | | | ◎ | ◎衛武公見幽王飲酒無度，天下化爲惡習，君臣上下皆沉湎之，作此詩以刺。 |
| 魚藻 | | | | ◎ | ◎刺幽王。萬物失其性，王將不能自樂，君子思古武王也。 |
| 采菽 | ◎ | | ※ | ◎ | ◎刺幽王侮慢諸侯，來朝者不能錫命以禮，又數徵會無信義，君子見微而思古。<br>※推論聽言苔言告道之理法。 |
| 角弓 | ◎※ | | ※ | ◎ | ◎父兄刺幽王：不親九族而好讒佞，故族人相怨。<br>※1.衍不親族之怨，爲君政不良之怨，由民及君，由人及國。<br>2.發明遇民愛利之要。<br>3.推及知人之不善，而不自知其不善。<br>4.邪說得聖人大道而息。<br>5.賢能當聖士治政而伏。<br>6.小人同蠻髦之無道者，爲明王之所罪。<br>7.推其行爲宗族鄉里之憂患，乃小人之行。 |
| 菀柳 | | | ※ | ◎ | ◎刺幽王暴虐，而刑罰不中，故諸侯皆不欲朝事。<br>※君心顛倒是非，其身自召劫殺。 |
| 都人士 | | | | ◎ | ◎陳古刺今：周人刺衣服無常。 |
| 采綠 | | | | ◎ | ◎刺時：刺幽王時民多怨曠。 |
| 黍苗 | | | | ◎ | ◎陳古刺今：刺幽王不能膏潤天下，恩德惠民；卿士不能行召伯之職，勞來諸侯，輔成事業。 |
| 隰桑 | ※ | | ※ | ◎ | ◎刺幽王時小人在位，君子在野，思見君子事之。<br>※1.衍君子德教之固，而明婦人德行之堅。<br>2.明其惡習之可畏，歸於學之善習之務爲。<br>3.爲學之道，求放心亦蘊藏不忘。<br>4.致志之用心。 |

| 白華 | | ◎ | ※ | ◎ | ◎周人刺幽后，幽王得褒姒而黜申后，妾上僭而夫人失位，天下化之。<br>※1.誠諸中必達於外。<br>　2.有諸心形諸面之理。<br>　3.無中不能形外。<br>　4.有諸心則現於樂音。 |
|---|---|---|---|---|---|
| 緜蠻 | ◎ | | ※ | ◎ | ◎微臣刺亂：幽王時國亂，大臣不用仁心，不恤念微賤。<br>※衍爲君子告事機之義。 |
| 瓠葉 | | | | ◎ | ◎大夫刺幽王棄禮義而不行。 |
| 漸漸之石 | | | | ◎ | ◎下國大夫刺幽王，戎狄背叛，荊舒不至，命將東征，役久士卒困苦。 |
| 苕之華 | ※ | | | ◎ | ◎幽王時戎狄交侵，師旅起加之以饑饉，大夫閔周將亡，傷己逢危也。<br>※明交友不卒之悔，爲自勉之矢言。 |
| 何草不黃 | | | | ◎ | ◎下國刺幽王，其時外侵內叛，用兵不息，視民如禽獸，君子憂之。 |
| **大雅** | | | | | |
| 文王 | | | ※ | ◎ | ◎文王受命，制立周邦。<br>※人心之精妙難及，靈巧不可傳。 |
| 大明 | | | | ◎ | ◎文王有明德，而天更命武王王天下。 |
| 緜 | | ◎ | | ◎ | ◎文王之興，本之於大王。 |
| 棫樸 | ※ | | ※ | ◎ | ◎文王能官人，各適其職。<br>※1.聖人文質相繼，相爲終始之理。<br>　2.治四方之政之綱紀。 |
| 旱麓 | | | | ◎ | ◎文王受先祖累世之德業，廣大之以成王業。 |
| 思齊 | | | | ◎ | ◎詠文王所以聖。 |
| 皇矣 | | | ※ | ◎ | ◎美周室，而主歸於文王之德。<br>※禮之功用，可媲於聖之天性，即性證理，轉天然而著於人功。 |
| 靈臺 | | | | ◎ | ◎文王以德受天命，民樂其有靈德，及於鳥獸昆蟲，民心始附也。 |
| 下武 | ※ | ※ | | ◎ | ◎武王繼先世之文德，有聖德復受天命，能昭先人之功。<br>※1.用賢者多得賢人之順德。<br>　2.美臣下。 |

| | | | | | |
|---|---|---|---|---|---|
| 文王有聲 | | | | ◎ | ◎武王繼文王之伐功，而廣文王之聲，終其功業。 |
| 生民 | | | | ◎ | ◎述后稷始末，爲所以尊祖之德，而推其配天之功。 |
| 行葦 | ◎ | ◎ | ◎ | ◎ | ◎周家忠厚，仁及草木，故能成其福祿。 |
| 既醉 | | | | ◎ | ◎詠太平之作。 |
| 鳧鷖 | | | | ◎ | ◎太平之君子，能持盈守成，神祇祖考皆安樂之。 |
| 假樂 | ※ | | ※ | ◎ | ◎嘉成王。<br>※1.無爲之治。<br>　2.爲學之立身成名。<br>　3.爲學之安國保民，詩之授學濟功。<br>　4.衍詩之威儀爲禮，德音爲樂。 |
| 公劉 | ◎ | ◎ | | ◎ | ◎召康公以民事戒成王，而美公劉厚於民。 |
| 泂酌 | ◎ | ◎ | ※ | ✳ | ◎美公劉變濁爲清之德化。<br>✳召康公戒成王，勉以天親有德，饗有道。<br>※樂易之德，所以得民之尊親，其本在於得人。 |
| 卷阿 | | | ※ | ◎ | ◎召康公戒成王，勸求賢用吉士。<br>※1.歌能陳盛德之何，感人於無形。<br>　2.所以能爲法，於事父事君之行，同不可失。 |
| 民勞 | | | | ◎ | ◎召穆公刺厲王：時賦役繁重，人民困苦，作寇害。 |
| 板 | ◎ | | | ◎ | ◎凡伯刺厲王。 |
| 蕩 | | | | ◎ | ◎召穆公見厲王無道，天下盪盪，無綱紀文章，傷周室大壞。 |
| 抑 | | | ◎ | ◎ | ◎衛武公刺厲王，亦以自警。 |
| 桑柔 | ◎ | | | ◎ | ◎芮伯（芮良夫）刺厲王。 |
| 雲漢 | | ◎ | ◎ | ◎ | ◎宣王時天下大旱，王憂民心切，側身脩行，仍叔美之。 |
| 崧高 | | | | ◎ | ◎尹吉甫美宣王能建國親諸侯，褒賞申伯。 |
| 蒸民 | | | ※ | ◎ | ◎尹吉甫美宣王能任賢使能，周室中興。<br>※衍詩保身之義，於生理之養氣。 |
| 韓奕 | | | | ◎ | ◎尹吉甫美宣王能錫命諸侯。 |

| | | | | |
|---|---|---|---|---|
| 江漢 | | | ◎ | ◎尹吉甫美宣王能興衰撥亂，命召公平淮夷。 |
| 常武 | | ※ | ◎ | ◎召穆公美宣王，有常德以立武事，德可常而武不可黷，規戒之。<br>※論聖人之氣象為不可度知，不可勝言。 |
| 瞻卬 | | | ◎ | ◎凡伯刺幽王大壞。 |
| 召旻 | | | ◎ | ◎凡伯刺幽王大壞。 |
| 周頌 | | | | |
| 清廟 | ◎ | ◎ ◎ | ◎ | ◎祀文王之詩。 |
| 維天之命 | ◎ | | ◎ | ◎告太平於文王。 |
| 維清 | ◎ | ◎ | ◎ | ◎奏象舞（象用兵時刺伐之舞）。 |
| 烈文 | ◎ | ◎ | ◎ | ◎成王即政，諸侯助祭。 |
| 天作 | ◎ | | ◎ | ◎祀先王先公。 |
| 昊天有成命 | ◎ | | ◎ | ◎郊祀天地。 |
| 我將 | ◎ | | ◎ | ◎祀文王於明堂。 |
| 時邁 | ◎ | ◎ | ◎ | ◎巡守告祭，柴望之詩。 |
| 執競 | ◎ | | ◎ | ◎祀武王。 |
| 思文 | ◎ | ◎ | ◎ | ◎后稷配天。 |
| 臣工 | ◎ | ※ | ◎ | ◎諸侯助祭，遣之於廟。<br>※昭王制節守職。 |
| 噫嘻 | ◎ | | ◎ | ◎春夏祈穀於上帝。 |
| 振鷺 | ◎ | | ◎ | ◎二王之後來助祭。 |
| 豐年 | ◎ | | ◎ | ◎秋冬報祭。 |
| 有瞽 | ◎ | ※ | ◎ | ◎始作樂，合諸樂而奏於祖廟。<br>※用賢除疾。 |
| 潛 | ◎ | | ◎ | ◎季冬薦魚，春獻鮪。 |
| 雝 | ◎ | | ◎ | ◎禘大祖。 |
| 載見 | ◎ | | ◎ | ◎諸侯始見乎武王廟。 |
| 有客 | ◎ | | ◎ | ◎微子來見祖廟。 |
| 武 | ◎ | | ◎ | ◎奏大武（周公作樂所為舞）。 |
| 閔予小子 | ◎ | | ◎ | ◎嗣王朝於廟。 |
| 訪落 | ◎ | | ◎ | ◎嗣王謀政事於廟。 |

| 敬之 | ◎ | | | ◎ | ◎羣臣進戒嗣王。 |
|---|---|---|---|---|---|
| 小毖 | ◎ | | | ◎ | ◎嗣王求助，求忠臣助己。 |
| 載芟 | ◎ | | | ◎ | ◎春籍田而祈社稷。 |
| 良耜 | ◎ | | | ◎ | ◎秋季報祀社稷。 |
| 絲衣 | ◎ | | | ◎ | ◎繹（祭）賓尸。 |
| 酌 | ◎ | ◎ | | ◎ | ◎告成大武，為能酌祖先之道，以養天下。 |
| 桓 | ◎ | | | ◎ | ◎伐商時講武類禡之事。 |
| 賚 | ◎ | | | ◎ | ◎大封于廟。 |
| 般 | ◎ | | | ◎ | ◎巡守而祀四嶽河海。 |
| **魯頌** | | | | | |
| 駉 | ◎ | ◎ | ◎※ | ◎ | ◎頌僖公。<br>※衍詩思無邪之義，以明其思有邪之非。 |
| 有駜 | | | | ◎ | ◎頌僖公君臣有道。 |
| 泮水 | | | | ◎ | ◎頌僖公能脩泮宮。 |
| 閟宮 | | | | ◎ | ◎頌僖公能復周公之宇（居）。 |
| **商頌** | | | | | |
| 那 | ◎ | ◎ | ◎ | ◎ | ◎祀成湯，正考父得商頌十二篇。 |
| 烈祖 | | | | ◎ | ◎祀中宗太戊。 |
| 玄鳥 | | | | ◎ | ◎祀高宗。 |
| 長發 | | | | ◎ | ◎大禘（郊祭天）之詩。 |
| 殷武 | | | | ◎ | ◎祀高宗。 |

表格來源：筆者整理

　　由上表可知，一詩竝具兩義者有之，甚或同一家竝傳兩義者亦有之，在統計時，為求準確，筆者採取分開統計之方式，以防有所闕漏，如〈常棣〉於毛序中有本義兼引申義兩類，在統計數量時，〈常棣〉於此二類中各佔其一。統計之數量如下：

| | 魯 | 齊 | 韓 | 毛 |
|---|---|---|---|---|
| ◎本義 | 89 | 88 | 37 | 298 |
| ✳引申義 | 17 | 16 | 4 | 14 |
| ※推衍義 | 37 | 8 | 73 | 0 |

表格來源：筆者整理

經統計後可知，王禮卿先生《四家詩恉會歸》一書中，以《毛詩序》爲本義者居多數，魯、齊次之；引申義部份魯、齊、毛詩在數量上相差不大，韓詩數量則最少；而推衍義，則是韓詩居冠，毛詩並無推衍義。由此可見，四家詩中，毛詩解詩多依本義，而韓詩則多推衍義，解詩多距本恉幽渺而遠者，其義亦愈新。

故王禮卿先生解詩時，仍賴《詩序》述其本事，以明詩恉，詩之本義多言美刺，並藉此化民成俗，「本來詩序有些地方是顯得拘泥了一些，但孔子刪詩經的目的，既是爲了教育，就不得不強調他每一首詩所含教育的意義，這些教育的言論，是每一位讀孔孟之書的人都主張的。」〔註49〕此恰可證本章第一節〈對《詩序》內容的抨擊〉所言，在位者欲藉易吟詠諷誦之詩來推行政教、傳達禮樂道德，使人民得以由野蠻步入文明，此亦爲詩三百之教也。

### （二）序說舉隅

此舉〈關雎〉說明之，並藉此以觀王禮卿先生解詩之準則。〈周南‧關雎〉《毛序》以爲詠后妃之德，三家詩雖亦以爲詠后妃之德，然又以爲刺時、刺康王，也因此有學者〔註50〕認爲，《毛詩》與今文三家詩詩恉之異，可知今古文經解詩之不同，驟然將兩者劃分開來。王先生則認爲后妃之德、刺時、刺康王皆爲詩之恉，后妃之德爲本義，刺時、刺康王爲引申義，先將各家詩恉臚列於下：

> 關關雎鳩，在河之洲。窈窕淑女，君子好逑！
>
> 參差荇菜，左右流之。窈窕淑女，寤寐求之。求之不得，寤寐思服。
> 悠哉悠哉！輾轉反側。
>
> 參差荇菜，左右采之。窈窕淑女，琴瑟友之。參差荇菜，左右芼之。
> 窈窕淑女，鍾鼓樂之。

毛說：

> 關雎，后妃之德也。風之始也。所以風天下而正夫婦也，故用之鄉
> 人焉，用之邦國焉。風，風也，教也，風以動之，教以化之。……
> 是以關雎，樂得淑女以配君子，憂在進賢，不淫其色，哀窈窕，思
> 賢才，而無傷善之心焉，是關雎之義也。〔註51〕

---

〔註49〕傅隸樸：《詩經毛傳譯解》，頁 29。
〔註50〕魏源《詩古微》專主三家，力斥毛鄭，王先謙亦然。
〔註51〕中間通論全詩者爲大序，此省略之。

魯說：

何晏論語集解：孔安國曰：關雎樂而不至淫，哀而不至傷，言其和也。

史記外戚世家：自古受命帝王、及繼體守文之君，非獨內德茂也，蓋亦有外戚之助焉。夏之興也以塗山，而桀之亡也以妹喜；殷之興也以有娀，紂之殺也嬖妲己；周之興也以姜原及大任，而幽王之禽也淫於褒姒。故詩始關雎，夫婦之際，人道之大倫也。

又：十二諸侯年表敘：周道缺，詩人本作衽席，關雎作。

又：儒林傳敘：周室衰而關雎作。

漢書：杜欽上書曰：后妃之制，天壽治亂存亡之端也。是以佩玉晏鳴，關雎歎之。知好色之伐性短年，離制度之生無厭，天下將蒙化陵夷而成俗也；故詠淑女，冀以配上。忠孝之篤，仁厚之作也。

劉向列女傳魏曲沃負篇：自古聖王必正妃匹，妃匹正則興，不正則亂。夏之興也以塗山，亡也以妹喜；殷之興也以有娀，亡也以妲己；周之興也以大姒，亡也以褒姒。周之康王夫人晏出朝，關雎豫見，思得淑女以配君子。夫關雎之鳥，猶未嘗見乘居而匹處也。夫男女之盛，合之以禮，則父子生焉，君臣成焉，故為萬物始。

楊雄法言孝至篇：周康之時、頌聲作乎下，關雎作乎上，習治也；故習治則傷始亂也。

張衡思玄賦：偉關雎之戒女。

王充論衡謝短篇：詩家曰：周衰而詩作，蓋康王時也。康王德缺於房，大臣刺晏，故詩作。

袁宏後漢紀：楊賜上書曰：昔周康王承文王之盛，一朝晏起，夫人不鳴璜，宮門不擊柝，關雎之人見幾而作。

後漢書楊賜傳：康王一朝晏起，關雎見幾而作。

又：皇后紀論：康王晚朝，關雎作諷。

應邵風俗通義：昔周康王一旦晏起，詩人以為深刺。天子當夜寢蚤作，身省萬幾。

蔡邕青衣賦：關雎之潔，不蹈邪非。

張超青衣賦：周漸將衰，康王晏起。畢公喟然，深思古道：感彼關雎，性不雙侶，願得周公，配以窈窕。防微消漸，諷諭君父。孔氏大之，列冠篇首。

齊說：

漢書：匡衡上疏曰：臣竊攷國風之詩：周南、召南、彼聖賢之化深，故篤於行而廉於色。鄭伯好勇，而國人暴虎。秦穆好信，而士多從死。陳夫人好巫，而民淫祀。晉侯好儉，而民畜聚。大王躬仁，邠國貴恕。由此觀之，治天下者、審所上而已。

又曰：臣聞家室之道修，則天下之理得，故詩始國風，禮本冠昏。始乎國風，原性情而明人倫也；本乎冠昏，正基兆而防未然也。福之興，莫不本乎室家；道之衰，莫不始乎悃內；故聖人必慎后妃之際，別適長之位。

又曰：臣聞之師曰：匹配之際，生民之始，萬福之原。昏姻之禮正，然後品物遂而天命全。孔子論詩，以關雎爲始，言太上者民之父母，后夫人之德不侔乎天地，則無以奉神靈之統，而理萬物之宜。故詩曰：窈窕淑女，君子好仇。言能致其貞淑，不貳其操。情欲之感，無介乎容儀；宴私之意，不形乎動機；夫然後可以配至尊而爲宗廟主。此綱紀之音，王教之端也。

儀禮鄉飲酒：乃合樂：周南關雎、葛覃、卷耳；召南鵲巢、采蘩、采蘋。鄭注：周南、召南、國風篇也。王后、國君夫人、房中之樂歌也。關雎言后妃之德，葛覃言后妃之職，卷耳言后妃之志；鵲巢言國君夫人之德，采蘩言國君夫人不失職，采蘋言卿大夫之妻能修齊法度。夫婦之道，生民之本，王政之端，此六篇者、其教之原也。故國君與其臣下及四方之賓燕，用之合樂也。鄉樂者、風也。小雅爲諸侯之樂，大雅、頌、爲天子之樂。鄉飲酒升歌小雅，禮盛者可以進取也。燕合鄉樂，禮輕者可以逮下也。

燕禮鄭注：周南召南之詩謂之房中者：后夫人之所諷誦，以事其君子。

詩推度災：關雎有原，冀得賢妃正八嬪。宋均注：八嬪正於內，則可以化四方矣。

春秋說題辭：人主不正，應門失守，故歌關雎以感之。宋均曰：應門、聽政之處也。言不以政事為務，則有宣淫之心。關雎樂而不淫，思得賢人，與之共化，修應門之政者也。

易林小畜之小過：關雎淑女，配我君子，少姜在門，君子嘉喜。

又：垢之无妄：關雎淑女，賢妃聖偶，宜家壽母，福祿長久。

又：晉之同人：貞鳥雎鳩，執一無尤。寢門治理，君子悅喜。

漢書外戚傳：易基乾坤，詩首關雎，夫婦之際，人道之大倫也。

漢書杜欽傳贊：庶幾乎關雎之見微。

班固離騷序：關雎哀周道而不傷。

班昭女誡：夫婦之道，參配陰陽，通達神明，天地之宏義，人倫之大節也。是以禮貴男女之際，詩著關雎之義，由斯言之，不可不重也。

後漢書：苟爽對策曰：夫婦、人倫之始，王化之端。陽尊陰卑，蓋乃天性。且詩初篇，實首關雎；禮始冠婚，先正夫婦。

韓說：

關雎、刺時也。

韓詩外傳五：子夏問曰：關雎何以為國風始也？孔子曰：關雎至矣乎！夫關雎之人，仰則天，俯則地。幽幽冥冥，道之所藏；紛紛沸沸，道之所行；如神龍變化，斐斐文章。大哉關雎之道也！萬物之所繫，羣生之所懸命也。河洛出圖書，麟鳳翔乎郊；不由關雎之道，則關雎之事、將悉由至矣哉！夫六經之策，皆歸論汲汲，蓋取之乎關雎。關雎之事大矣哉！馮馮翊翊，自東自西，自南自北，無思不服。子其勉強之，思服之。天地之間，生民之屬，王道之原，不外乎此矣。子夏喟然歎曰：大哉關雎！乃天地之基也。詩曰：鐘鼓樂之。

韓詩章句：詩人言：雎鳩貞潔慎匹，以聲相求，必於河之洲隱蔽無人之處。故人君退朝，入於私宮，后妃御見，去留有度。應門擊柝，鼓人上堂，退反晏處，體安志明。今時大人，內傾於色，賢人見其萌，故詠關雎，說淑女，正容儀，以刺時。

後漢書明帝紀：應門失守，關雎刺世。

後漢書：馮衍顯志賦：美關雎之識微兮，愍王道之將崩。

後漢書：應奉上書曰：母后之重，興廢所因，宜思關雎之所求，遠五禁之忌。

韓詩：淑女奉順坤德，成其紀綱。〔註52〕

## 1. 本　義

王禮卿先生主張「后妃之德」為〈關雎〉本義，其證有三：

（1）周公制禮作樂，載籍皆碻言之。

《儀禮・鄉飲酒》：「合樂：周南：關雎、葛覃、卷耳；召南：鵲巢、采蘩、采蘋。」〔註53〕明定〈關雎〉為合樂三終之首，「豈非以其言后妃之德，其義尤大於后職后志之故歟！而以六詩之次弟按之，其義之大小廣約，尤顯而有序。」〔註54〕

然為何不以刺時為本義？因「若以刺時為本義，而列合樂之首，置后妃、夫人、卿大夫妻、職志德法之上，於詩樂之教悖矣。況合樂在周公之時，刺詩在康王世，決無康王詩可為周公合樂之章之理，史實灼然，尤無待論。」〔註55〕其說甚是。

（2）孔子言詩，多明推衍之義。然著於《論語》者：首推二南，極稱〈關雎〉，則非推衍之旨。

《論語・八佾》論〈關雎〉「樂而不淫，哀而不傷。」〔註56〕「首句蓋兼后妃之德及君子性情之正言之，次句則第就君子性情之正言之。而君子之所以如是哀樂，胥由慕后妃之賢；是稱君子者，亦所以美后妃之德。」〔註57〕可知《論語》這兩句話已括全詩之要義，並可證「后妃之德」乃本詩之本義，「若以刺時為本義，則亦車輦慕德之思，陳古刺今之詞，何足當此言乎？更何以當外傳荅子夏推極其致之義乎？」，〔註58〕陳奐也認為《論語》此二句可證「此孔子論詩釋關雎之義，而子夏作序之所本也。」〔註59〕毛詩乃「得其正也」。〔註60〕

---

〔註52〕 以上四家詩恉出自王禮卿：《四家詩恉會歸》，冊一，頁 120～124。
〔註53〕 《儀禮》為周公遺制。《十三經注疏・儀禮》，頁 93。
〔註54〕 王禮卿：《四家詩恉會歸》，冊一，頁 125。
〔註55〕 王禮卿：《四家詩恉會歸》，冊一，頁 125。
〔註56〕 《十三經注疏・論語》，頁 30。
〔註57〕 王禮卿：《四家詩恉會歸》，冊一，頁 125。
〔註58〕 王禮卿：《四家詩恉會歸》，冊一，頁 125。
〔註59〕 陳奐：《詩毛氏傳疏》，頁 13。

（3）四始之說，普於四家，中以《史記》所言最爲賅備。

王禮卿先生以禮經詩樂三終之致合，與四始《儀禮》樂制相發，認爲「矧〈關雎〉爲四始之冠，非后妃之德，烏足以當之？苦（若）以刺詩爲本義，將無以弁冕四始，風教鄉邦矣。」其證三也。

雎鳩是一種「摯而有別」〔註61〕的鳥類，林師葉連認爲《毛傳》指出這一點，乃畫龍點睛之筆，更爲吾人理解〈關雎〉篇的關鍵：

> 雎鳩既是「摯而有別」的鳥類，在帝王專制時代，將〈關雎〉取冠《詩三百》，除了比擬「王后貞操，不容置疑」之外，同時，后妃行儀尤其要做天下百姓的模範，「男女關係」既是社會倫常的基礎，不能不特別用心地把這一倫凸顯出來，后妃用她有如雎鳩般的貞固之德昭示天下，期能獲得風行草偃的效果：一般百姓在男女關係方面都能依循正道，感情眞摯，社會自能和諧安樂。〔註62〕

《毛傳》說解此篇：

> 后妃說樂君子之德，無不和諧，愼固幽深，若雎鳩之有別焉，然後可以風化天下，夫婦有別則父子親，父子親則君臣敬，君臣敬則朝廷正，朝廷正則王化成。窈窕，幽閒也，淑善，逑匹也，言后妃有關雎之德，是幽閒貞專之善女，宜爲君子之好匹。〔註63〕

呂祖謙云：「關雎具風比興三義，一篇皆言后妃之德，以風動天下。」〔註64〕陳子展亦云：「古文《詩大序》：『《關雎》樂得淑女以配君子。』只取此一句已足說明此詩本義。」〔註65〕上述多位學者之言，均明確指出〈關雎〉篇本義乃「后妃之德」，可以獲得通解。

2. 引申義：刺時、刺康王

魯、齊、韓三家皆主引申義，以爲〈關雎〉爲刺詩，經王禮卿先生整理後，可歸納出三類：

---

〔註60〕陳奐：《詩毛氏傳疏》，頁13。
〔註61〕《毛傳》在解釋「雎鳩」時提到：「雎鳩，王雎也，鳥摯而有別。」所謂「摯而有別」即感情眞摯而不雜交。
〔註62〕林葉連：〈《詩經》的愛情教育——以〈關雎〉篇爲中心〉，《文理通識學術論壇》第四期，頁24。
〔註63〕鄭玄：《毛詩鄭箋》，頁1。
〔註64〕呂祖謙：《呂世家塾讀詩記》，頁25。
〔註65〕陳子展：《詩經直解》，頁4。

（1）顯言刺康王晏起者。

（2）渾言周道衰缺，或應門失守者。

（3）簡言刺詩者。

此三類乍看全不相關，實則不然。王禮卿先生認為，第一類刺康王晏起，其說必有受。以此證之第二類言周道衰缺者，亦指康王之政衰，而應門失守，正指「晏起」，恰與第一類所言合。第三類的句例與《毛序》同，惜後序今已佚。總結而言，「證之辟君章句應門之制，及今之大人，內傾於色，賢人見其萌，詠關雎，竝與諸說刺康王晏起合。而其末結歸『以刺時』，與序相應，則其時字亦指康王時。至辟君所謂『今』，即陳氏奐釋常棣所云『周公作之為古，召公歌之為今』之義，謂關雎引申時也。」〔註66〕由上可知，雖三類有顯言、渾言、簡言之別，但意義是相同的，皆為〈關雎〉引申義：「刺康王」所作。

王先謙《詩三家義集疏》對此事有詳細之說解：

> 蓋康王時當周極盛，一昭晏起，應門之政不修而鼓柝無聲，后夫人璜玉不鳴而去留無度，固人君傾色之咎，亦后夫人淫色專寵致然。畢公，王室蓋臣，觀衰亂之將萌，思古道之極盛，由於賢女性不妒忌，能為君子和好眾妾，其行侔天地，故可配至尊，為宗廟主。今也不然，是無以奉神靈之統而理萬物之宜。陳往諷今，主文譎諫，言者無罪，聞者足戒，風人極軌，所以取冠全詩。〔註67〕

可知此引申之作，為康王晏起，疏於早朝，大臣（即畢公）見「康王政衰晏起，后夫人不於雞鳴去君所，見幾防微，恐傾於色」，〔註68〕思以古道，藉〈關雎〉一詩，諷諭君父，詠后妃摯而有別之德，君王樂而不淫之正，引申歌誦以求感諷之，故三家才有所謂「刺詩」之說。

傅隸樸在談論《詩序》的價值時，舉了一個例子來解釋〈楚茨〉與〈鳧鷖〉二詩之序為何一為美、一為刺：

> 一個父親對他的兒子讚美鄰家小孩的功課成績好，在校的品行優良，生活又能節儉。他對兒子說這些話，就是諷刺他的兒子功課不

〔註66〕王禮卿：《四家詩悁會歸》，冊一，頁137。

〔註67〕王先謙：《詩三家義集疏》，卷一（台北：鼎文書局，民國62年5月，初版），頁11。

〔註68〕王禮卿：《四家詩悁會歸》，冊一，頁138。

好，操行不佳，生活不知節儉。如果這個父親把這些話對鄰家孩子的父親說，那他就是讚美鄰家的小孩而不是諷刺的了。因為說話的對象不同，它的命意也就有了差別。〔註69〕

這段話拿來解釋〈關雎〉篇美刺兼具似乎亦可。王禮卿先生云：

> 關雎本義為美詞。而此得引申為刺詩者：詩可以全篇皆美，而刺意微見於言外，即大序所謂「主文而譎諫」，小序所謂「陳古刺今」者。
> （《四家詩恉會歸》，冊一，頁137）

王先生書中分辨詩篇本義及引申義之差別，辨明四家詩指乃流異源同，一詩中，甚或本義、引申義皆可有之，三家詩說與毛詩美刺觀點並非有所歧異，〔註70〕泯除學界之紛爭，更為未來的研究者，提供一個新的思考面向。

### 3. 推衍義

韓說：

> 韓詩外傳一：天子左五鍾，將出，則撞黃鍾，而右五鍾皆應之。馬鳴中律，駕者有文，御者有數。立則磬折，拱則抱鼓。行步中規，折旋中矩。然後太師奏升車之樂，告出也。入則撞蕤賓，以治容貌。容貌得則顏色齊，顏色齊則肌膚安。蕤賓有聲，鵲震馬鳴，及倮介之蟲，無不延頸以聽。在內者皆玉色，在外者皆金聲。然後少師奏升堂之樂，即席告入也。此言音樂相和，物類相感，同聲相應之義也。詩曰：鍾鼓樂之。此之謂也。（《四家詩恉會歸》，冊一，頁139）

本篇所引之詩句為「鍾鼓樂之」一句，本義為形容后妃之盛德，故以鍾鼓之樂娛之，引申義就昔之賢后言之，其義亦同。由此推衍天子出入之樂，物類相感，無不延頸以聽，容得體安，衍樂聲於「物類相感相應」之理，「與周易聲應氣求、大學誠意、中庸至誠及費隱、諸義相表裏，為推闡性理者也。」〔註71〕將詩中境界推廣、拓遠，故歸於推衍義也。

以上用〈關雎〉為例，闡發王禮卿先生所云之本義、引申義及推衍義，除可知王先生發見三義的特出之處外，更可了解〈關雎〉冠於《詩三百》之涵義；

---

〔註69〕傅隸樸：《詩經毛傳譯解》，頁29～30。
〔註70〕如林耀潾在《西漢三家詩學研究》一書中，即以為三家詩說與毛詩美刺觀點頗有歧異，詳見林耀潾：《西漢三家詩學研究》，頁306～311。
〔註71〕王禮卿：《四家詩恉會歸》，冊一，頁139。

> 二南首關雎，終騶虞，教自閨門，化成天下；即大學家齊而后國治，
> 國治而後天下平之義；是詩與禮相通也。用之鄉人，用之邦國，風天
> 下而正夫婦，是詩與樂相通也。二南示夫婦之正，王道所成；春秋戒
> 配匹之乖，列國所由亂；是詩與春秋相通也。孔子所以訓子：必為周
> 南召南，意在斯乎！意在斯乎！（《四家詩恉會歸》，冊一，頁131）

## 三、以為《毛詩序》為引申義之篇章

王禮卿先生在《四家詩恉會歸》一書中，多以《毛詩序》為詩之本義，
然亦有 13 篇〔註72〕以為《毛詩序》所言為引申義，以今文經為本義，如〈邶
風・式微〉，王先生以為「魯齊為本義，毛為引申義也。」〔註73〕然此或有
可議之處。筆者在此將對這幾篇詩之詩恉作一分析，參以呂祖謙、馬瑞辰、
陳奐、陳子展等亦尊《序》解《詩》之著作，將之做一比較，分析孰是孰非。

### （一）毛為本義

#### 1.〈周南・芣苢〉

> 采采芣苢，薄言采之；采采芣苢，薄言有之。
> 采采芣苢，薄言掇之；采采芣苢，薄言捋之。
> 采采芣苢，薄言袺之；采采芣苢，薄言襭之。

此詩《毛序》以為「后妃之美也。和平，則婦人樂有子矣。」魯韓則竝以為
婦人傷夫有惡疾，仍終身不改，守而不去之作。

王禮卿先生釋詩云：

> 覩臭惡之芣苢，起惡疾之根觸，故假草臭而猶采采，以明夫惡而不
> 忍離，撫事興情，即物寫志，是以為以事興也。臭惡人皆遠之，詩
> 顧寫其昵之之狀：……若不勝其愛惜睠戀之情，浸以益親之厚。此
> 非至誠至性，超人欲而合天道，孰能臻此？……若非魯韓碻述其事，
> 幾難知其為傷夫惡疾之苦吟。（《四家詩恉會歸》，冊一，頁190）

「芣苢」到底為何種植物？毛傳云：「芣苢，馬舄。馬舄，車前也。宜懷
任焉。」〔註74〕馬瑞辰《毛詩傳箋通釋》釋芣苢極為詳細：

---

〔註72〕其中〈常棣〉一詩，王禮卿先生認為《毛詩》兼具本義及引申義，故略而不談。
〔註73〕王禮卿：《四家詩恉會歸》，冊一，頁388。
〔註74〕鄭玄：《毛詩鄭箋・芣苢》，頁4。

瑞辰按：《釋文》苢本作苡，芣苢有二類，……其實如李，食之宜子，此木類也。《詩釋文》引《山海經》、衛氏傳及許慎說竝同，《爾雅》：芣苢，馬舄。馬舄，車前。此草類也。爲毛傳所本。《說文》苢字注云：芣苢一名馬舄，其實似李，食之宜子。……陶注本草，車前子亦引韓詩，言芣苢是木，似李，其實宜子孫。……名醫別錄云：車前子，養肺、強陰、益精，令人有子。與毛傳云宜懷妊者正合。……然據詩言掇之、捋之，皆宜指取子而言，則毛傳之說當矣。〔註75〕

陳奐《詩毛氏傳疏》亦引《爾雅》、《說文》之說爲疏，認爲「芣苢」爲宜子之草，〔註76〕與馬氏所言相去不遠。今人則釋芣苢爲車前子，可藥用，宜懷妊，可治婦人難產，爲藥用植物。〔註77〕

綜上所述，可知芣苢乃宜子之藥材，並無提到此草氣味惡臭。陳啓源《毛詩稽古編》云：「其實主令人有子，周南婦人當采其實矣。韓詩既云直曰車前，瞿曰芣苢，又云芣苢澤寫也，車前、澤寫豈一草兮？又呂爲惡臭之艸，今此二艸未見其惡臭也。」〔註78〕似非三家詩所言。

此外，由詩教的角度來看此詩，《毛序》所言：「后妃之美也。和平，則婦人樂有子矣。」似更符合《詩三百》之化，呂祖謙注《毛序》時提到：

程氏曰：螽斯惟言不妒忌，若芣苢則更和平。婦人樂有子，謂妾御皆無所恐懼，而樂有子矣。〔註79〕

呂氏釋詩云：

楊氏曰：后妃無嫉妒之心，則和平矣。惟其和平，故天下化而和平，則婦人以有子爲樂矣，芣苢，和平之詩也。天下和平，非文辭形容所能及，故每章言采采而已，無他辭也。〔註80〕

《詩大序》云：「風，風也，教也；風以動之，教以化之。」〈芣苢〉列爲《周南》中，所欲傳達之教化自是不容置疑，南國婦人感應后妃德化之美，和其室家而樂有子，「然則所謂樂有子者，不止謂婦人樂己之多子，並謂其樂妾之

〔註75〕馬瑞辰：《毛詩傳箋通釋》（台北：廣文書局，民國88年5月，再版），頁19。
〔註76〕陳奐：《詩毛氏傳疏》，頁33。
〔註77〕參考潘富俊著，呂勝由攝影：《詩經植物圖鑑》，頁27及陸文郁：《詩草木今釋》（台北：長安出版社，1992年），頁5。
〔註78〕陳啓源：《毛詩稽古編》（山東：山東友誼書社，1991年10月，第1次印刷），頁47。
〔註79〕呂祖謙：《呂氏家塾讀詩記》，頁35。
〔註80〕呂祖謙：《呂氏家塾讀詩記》，頁35。

有子。是以爲室家之和，后妃之美所感應。……是樂有子之義，非周南之風，孰克當之？」〔註81〕《詩經》爲上古國家之政典，自被賦予濃烈的詩教意味，由此詩之毛、魯、韓三家詩恉觀之，似以《毛序》之說更能符合詩之本義。

2.〈邶風・柏舟〉

> 汎彼柏舟，亦汎其流。耿耿不寐，如有隱憂。微我無酒，以敖以遊。
> 我心匪鑒，不可以茹。亦有兄弟，不可以據。薄言往愬，逢彼之怒。
> 我心匪石，不可轉也。我心匪席，不可卷也。威儀棣棣，不可選也。
> 憂心悄悄，慍于羣小。覯閔既多，受侮不少。靜言思之，寤辟有摽。
> 日居月諸，胡迭而微？心之憂矣，如匪澣衣。靜言思之，不能奮飛。

《毛序》認爲此詩「言仁而不遇也」，〔註82〕齊說義與毛同，〔註83〕魯則以爲衛宣夫人寡而貞壹，王禮卿先生以爲魯爲本義，毛齊爲引申義。

王先生認爲此詩爲婦人之作，其證有四：

（1）開頭以陽剛至堅之柏舟，興貞女碻然之節操。

（2）次言有兄弟而不可據，往愬且逢彼怒，顯爲婦人之情境。

（3）三言寤辟有摽，狀婦人之痛。

（4）末言如匪澣衣，正爲女功之事。

且王先生就全詩觀之，詞意悲苦，又貫以貞剛之氣，確爲節婦之詞。而毛齊所言，乃爲仁人憂國，見羣小在君側，憂慮政衰，故取衛寡夫人守志不污之詩，引申爲仁人不遇之歎。〔註84〕

然觀詩以求詩恉，第一章言泛舟載酒，出遊解憂，似非婦人之事。「何楷云：『飲酒遨遊，豈婦人之事？』按、此駁朱子《辨說》決其爲婦人詩也。」〔註85〕「黃元吉云：『婦人從一而終，豈可奮飛？』（見《傳説彙纂》）此亦駁朱子《辨說》婦人詩也。」〔註86〕而所謂「如匪澣衣」應指心中之難過，猶如身上穿了沒洗過的衣服一般，似非專指女功之事，應爲詩人在寫作時的一種比喻法，且「國亂而君昏，則小人君子獨，君子憂而小人樂，君子之憂者，

---

〔註81〕王禮卿：《四家詩恉會歸》，冊一，頁196。

〔註82〕《詩序》：「柏舟，言仁而不遇也。衛頃公之時，仁人不遇，小人在側。」

〔註83〕《易林・屯之乾》：「汎汎柏舟，流行不休。耿耿寤寐，心懷大憂。仁不逢時，復隱窮居。」

〔註84〕見王禮卿：《四家詩恉會歸》，冊一，頁313～314。

〔註85〕陳子展：《詩經直解》，頁77。

〔註86〕陳子展：《詩經直解》，頁79。

憂其國而已，憂其國，則與小人異趣，其爲小人所慍，固其理也。」〔註 87〕

而「古者臣之事君，與婦之事夫，皆以堅貞爲首，故邶詩以柏舟喻仁人，而鄘詩共姜亦以柏舟自喻。」〔註 88〕馬氏此說將邶鄘二風〈柏舟〉詩之別清楚區分，可知〈邶風・柏舟〉乃衛國同性之臣，仁人懷才不遇之詩。其「詩義自明，《序》不爲誤。」〔註 89〕

### 3. 〈邶風・式微〉

　　式微式微，胡不歸？微君之故，胡爲乎中露？

　　式微式微，胡不歸？微君之躬，胡爲乎泥中？

《毛序》謂黎侯寄於衛，可以歸而不歸，其臣勸之以歸。魯齊則謂黎莊公夫人不見荅於夫，傅母閔夫人賢，公反不納，憐其失意，故勸歸也。此爲夫人謝之所唱和之詞。王禮卿先生以爲魯齊爲本義，毛爲引申義，其說如下：

> 蓋黎莊夫人作詩於前；及此黎侯遭亂流寓，黎臣之隨亡者，傷國亡
> 君辱，恢復無期。……於此義見國亡寄寓之痛，失易復難之戒。與
> 本義並行，各具垂教之深意焉。然試與本義比而觀之，則怨意顯直，
> 與黎夫人之旨高思婉者不侔，此引申所以不及本義也。(《四家詩恉
> 會歸》，冊一，頁 390)

然攷之文意，短短二章，似乎語淺意深，耐人玩味。吳闓生《詩義會通》云此詩：「詞特悲憤：舊評、英雄之氣，忠藎之謀，有中夜起舞之意。」〔註 90〕似非所謂「夫人謝之所唱和之詞」。魏源堅持《魯說》：「若如毛序以爲黎臣勸其君歸，則黎地已爲赤狄所奪，復於何歸？今有可歸，則昔不出奔矣！旄邱不責衛矣，流離瑣尾之君亦不待勸矣！恐謀國之計不若是。且主辱臣死，而至出微君胡爲至此之怨詞，恐殉國之忠，又不若是！」〔註 91〕陳子展以爲魏氏「此故雄辯，而未爲確論，蓋《詩》今古文家宗派之偏見也。」〔註 92〕

### 4. 〈邶風・旄丘〉

　　旄丘之葛兮，何誕之節兮！叔兮伯兮！何多日也？

---

〔註 87〕呂祖謙：《呂氏家塾讀詩記》，頁 61。

〔註 88〕馬瑞辰：《毛詩傳箋通釋》，頁 34。

〔註 89〕陳子展：《詩經直解》，頁 79。

〔註 90〕吳闓生：《詩義會通》(台北：河洛圖書出版社，民國 63 年 5 月，臺景印初版)，
　　　　頁 28。

〔註 91〕魏源：《詩古微》，收入《續修四庫全書》第 77 冊，頁 173。

〔註 92〕陳子展：《詩經直解》，頁 111。

何其處也？必有與也；何其久也？必有以也。

狐裘蒙戎，匪車不東。叔兮伯兮！靡所與同。

瑣兮尾兮，流離之子。叔兮伯兮！襃如充耳。

詩中所言之事與〈式微〉同，毛謂此詩爲黎臣責衛伯也，黎侯寓於衛，而衛不能救患恤同，責其坐視不援也。王禮卿先生以《列女傳》所述〈式微〉之事推魯義，認爲魯爲本義，毛爲引申義，齊說則兩義竝傳。並以爲此引申之作，可能作於〈式微〉之前，因「求援無成，乃勉以別圖歸計。」〔註93〕其垂教之意，則同於〈式微〉引申義。

陳奐疏曰：

衛與黎脣齒相依，黎遭狄患，衛不能救，越後四十餘年，衛亦尋滅，卒罹狄禍，於此可以覘國勢。（〈式微〉）〔註94〕

案：此即救患恤同之事。侯伯即方伯也，今狄人迫逐黎侯，衛不能逐狄而復，黎故責之。（〈旄丘〉）〔註95〕

可知《毛序》所言無誤。觀其首章所言，可知「黎之臣子久寓於衛，登旄邱（丘）之上，而見其葛節之疎闊，因託以起興，曰：旄邱（丘）之葛，何其節之闊也！衛之君臣，何其多日而不見救也！」〔註96〕而三章「匪車不東」者，「匪彼古通，謂彼衛人之車不來救助寓於衛東之黎君臣也。」〔註97〕故可知〈式微〉、〈旄丘〉均爲黎臣愛國所作之詞，《毛序》不誤也。

5.〈邶風・靜女〉

靜女其姝，俟我於城隅。愛而不見，搔首踟蹰。

靜女其孌，貽我彤管；彤管有煒，說懌女美。

自牧歸荑，洵美且異；匪女之爲美，美人之貽。

毛以此爲刺衛君無道、夫人無德之詩。齊說則以爲孟姬（長衛姬）嫁後數年，迎季姬（少衛姬）之事。詩本義爲稱美之詞，引申之恉轉爲刺詩，即所謂「陳古刺今」也。

傅隸樸譯《毛詩序》云：此詩「刺衛君無道荒淫，夫人也淫亂無德，詩

---

〔註93〕王禮卿：《四家詩恉會歸》，冊一，頁396。

〔註94〕陳奐：《詩毛氏傳疏》，頁104。

〔註95〕陳奐：《詩毛氏傳疏》，頁106。

〔註96〕呂祖謙：《呂氏家塾讀詩記》，頁79。

〔註97〕陳子展：《詩經直解》，頁112。

人想得到一位有德的女子，來幫助衛君，改善朝政。」〔註98〕故言其為刺詩。詩中「蓋假城隅喻靜女之守禮法。箋言，待禮而動，自防如城隅。」〔註99〕詩人因見衛君及夫人無道德，作詩「述古者賢君賢妃之相與」〔註100〕以刺之，似以《毛序》為本義焉。

### 6.〈鄘風・相鼠〉

相鼠有皮，人而無儀。人而無儀，不死何為？

相鼠有齒，人而無止。人而無止，不死何俟？

相鼠有體，人而無禮。人而無禮，胡不遄死？

魯說此為妻諫夫之詩，毛則以此為刺在位者無禮儀也，指衛文公在位時，「糾正先朝遺臣之不知禮，不知恥者」。〔註101〕魯為本義，毛為引申義。

王禮卿先生以魯為本義，然其妻所苦諫者究為何事書亦不具，因詩之本義，需多為具體之人與事而作，魯說所言，似不如毛說事例清楚，筆者以為，此詩似以毛詩為本義。

詩中以鼠刺無禮，亦為興之筆法。「鼠卑汙可惡之物，猶有皮齒體以全其形，今汝在位，反無禮儀，而不如鼠。」〔註102〕毛公、鄭玄釋詩時則云：

傳云：無禮儀者，雖居尊位，猶為闇昧之行。

箋云：視鼠有皮，雖處高顯之處，偷食苟得，不知廉恥，亦與人無威儀者同。

人以有威儀為貴，今反無之，傷化敗俗，不如其死，無所害也。〔註103〕

觀之詩意，蓋如《毛序》所言為是。

### 7.〈王風・黍離〉

彼黍離離，彼稷之苗。行邁靡靡，中心搖搖。知我者，謂我心憂；

不知我者，謂我何求。悠悠蒼天，此何人哉！

彼黍離離，彼稷之穗。行邁靡靡，中心如醉。知我者，謂我心憂；

不知我者，謂我何求。悠悠蒼天，此何人哉！

彼黍離離，彼稷之實。行邁靡靡，中心如噎。知我者，謂我心憂；

〔註98〕傅隸樸：《詩經毛傳譯解》，頁193。
〔註99〕陳奐：《詩毛氏傳疏》，頁119。
〔註100〕呂祖謙：《呂氏家塾讀詩記》，頁87。
〔註101〕傅隸樸：《詩經毛傳譯解》，頁220。
〔註102〕呂祖謙：《呂氏家塾讀詩記》，頁102。
〔註103〕鄭玄：《毛詩鄭箋》，頁23。

不知我者，謂我何求。悠悠蒼天，此何人哉！

詩恉有三說：魯謂衛宣公子壽，閔其兄伋之將見害；韓謂尹吉甫信讒殺孝子伯奇，其弟伯封求亡兄不得；毛謂周大夫行役，睹故宮盡爲禾黍，閔周世之顚覆也。王禮卿先生認爲「大抵詩義明正而直者爲本義，迂闊而曲者爲引申義。」〔註104〕故魯韓爲本義，毛爲引申義。

胡承珙評魯韓二說云：

魯說：〔註105〕

> 胡氏：但《左傳》，衛、壽竊旄先往，是死在伋先，安得有閔兄見害之事？〔註106〕

韓說：

> 胡氏：尹吉甫在宣王時，尚是西周，不應其詩列於東都。〔註107〕

而〈黍離〉何以能列爲〈王風〉之首？陳子展攷之云：

> 何謂《王風》。《鄭箋》云：「宗周，鎬京也，謂之西周。周，王城也，謂之東周。幽王之亂而宗周滅。平王東遷，政遂微弱，下列於諸侯，其詩不能復《雅》，而同於《國風》焉。」又《鄭譜》云：「平王以亂故、徙居東都王城，於是王室之尊與諸侯無異。其詩不能復《雅》，故貶之，謂之王國之《變風》。」又《鄭志》云：「張逸問：平王微弱，其詩不能復《雅》。厲王流于彘，幽王滅于戲，在《雅》何？答曰：幽、厲無道，酷虐于民，以強暴至于流滅。豈如平王微弱，政在諸侯，威令不加於百姓乎？」是東周王城詩即稱《王風》，以《風》貶周也。且云雅者，正也、政也。王政不復行，故鄭不憚再三云其詩不能復《雅》也。《王風》兼地理與政治而言之，其義迺全也。後儒有爭論者，要之不越乎此，可不復陳矣。〔註108〕

其說甚是，可得《毛詩序》爲本義焉。

### 8.〈王風・大車〉

大車檻檻，毳衣如菼。豈不爾思？畏子不敢。

大車啍啍，毳衣如璊，豈不爾思？畏子不奔。

〔註104〕王禮卿：〈王風・黍離・詩攷〉，《四家詩恉會歸》，冊二，頁576。

〔註105〕出自劉向《新序・節士篇》。

〔註106〕胡承珙：《毛詩後箋》卷6，收入《續修四庫全書》第67冊，頁164。

〔註107〕胡承珙：《毛詩後箋》卷6，收入《續修四庫全書》第67冊，頁164。

〔註108〕陳子展：《詩經直解》，頁205～206。

　　　　穀則異室，死則同穴。謂予不信，有如皦日。

毛以爲陳古以刺周大夫，今不能聽男女之訟也，齊義與毛同。魯則謂此息夫
人死節之作。魯爲本義，毛齊爲引申義。

　　此詩今古文之說雖不同，但朱熹《詩集傳》卻云：「周衰，大夫猶有能以
行政治其私邑者，故淫奔者畏而歌之如此。然其去二南之化則遠矣。此可以
觀世變也。」〔註109〕陳子展以爲此「尤可異者，朱子治《詩》好攻古文《毛
序》，而獨取《序》說《大車》刺男女淫奔。」〔註110〕而有所感歎，「古書豈
易讀哉？古詩豈易解哉？」〔註111〕竊或以爲可資《毛序》爲本義之一證也。

　　呂祖謙云：「此詩所謂陳古，其猶在於文武成康之後歟。蓋唯能止其奔，
未能革其心，與行露之詩異矣！亦僅勝於東遷之時而已。」〔註112〕朱熹云：「民
之欲相奔者，畏其大夫，自以終身不得如其志也，故曰生不得相奔以同室，
庶幾死得合葬以同穴而已，謂予不信，有如皦日，約誓之辭也。」〔註113〕以
此陳述「先代賢士大夫，能察民情，人民男女都能遵守禮義，不敢爲淫奔之
行。今桓王時之大夫，不能審查民情，以致社會風俗敗壞，禮義陵遲，人民
男女淫奔，毫不顧忌。」〔註114〕似乎非所謂息夫人死節之作也。

### 9.〈大雅・泂酌〉

　　　　泂酌彼行潦，挹彼注茲，可以餴饎。豈弟君子，民之父母。

　　　　泂酌彼行潦，挹彼注茲，可以濯罍。豈弟君子，民之攸歸。

　　　　泂酌彼行潦，挹彼注茲，可以濯溉。豈弟君子，民之攸塈。

《毛序》以爲此詩爲召公戒成王也，勉皇天親有德，饗有道也。而魯齊以爲
公劉以戎狄濁亂之區，變爲豳國清平之域，官操其業，士執其經，蓋變濁爲
清也。「然詩雖兩義兼具，唯必先有變濁爲清之政教，始爲有道德之行，而後
天乃親之饗之。」〔註115〕故魯齊爲本義，毛爲引申義。

　　　王先謙云：「愚案、三家以詩爲公劉作。蓋以戎狄濁亂之區而公劉

　　　居之，譬如行潦可謂濁矣。公劉挹而注之，則酌者不濁，清者自

---

〔註109〕朱熹：《詩集傳》，頁46。
〔註110〕陳子展：《詩經直解》，頁226。
〔註111〕陳子展：《詩經直解》，頁226。
〔註112〕呂祖謙：《呂氏家塾讀詩記》，頁137。
〔註113〕呂祖謙：《呂氏家塾讀詩記》，頁137～138。
〔註114〕傅隸樸：《詩經毛傳譯解》，頁283。
〔註115〕王禮卿：《四家詩恉會歸》，冊四，頁1699。

清。由公劉居豳之後，別田而養，立學以教，法度簡易，人民相安，故親之如父母。及太王居豳，而從如歸市，亦公劉之遺澤有以致之也，其詳則不可得而聞矣。據《揚·箴》，官操其業，士習其經之語，是周之學制權輿于公劉。故并有《行葦》習射養老之典。」據此、知《詩》今古文說此詩義異，而今文說已過於美化公劉矣。豈得如揚雄《博士箴》所云：「公劉挹行潦，而濁亂斯清，官操其業，士執其經？」即公劉之世，已有所謂經典與傳經之官乎？此詩當以古文說爲是。何楷云：「《泂酌》，召康公教成王以豈弟化庶殷也。豈以強教之，弟以樂安之。」「鄭玄云，成王始幼少，周公居攝政。及歸之成王，將涖政，召公與周公相成王爲左右。《書序》云、周公爲師，召公爲寶，召公名奭，康其諡也。所以知爲成王化庶殷者，以《尚書·召誥》知之。其文云、太保入，錫周公曰、拜手稽首，旅王若公。誥告庶殷越自乃御事。王先服殷御事，比介于我有周御事，節性、惟日其邁。其惟王勿以小民淫用非彝，亦敢殄戮用乂民。若有功，其惟王位在德元。小民乃惟刑用于天下，越王顯。蓋召公惓惓欲王以德化庶殷若此，玩詩殊似；而古說又以爲召康王之作，其與《召誥》相表裏明矣。強教悅安，則孔子之釋豈弟也，與興意合。定是正解。」此據《序》、《傳》而引《召誥》以證召康王戒成王，……《詩》、《書》正相表裏。自詡定是正解，信乎其爲正解也。〔註116〕

陳子展所言恰可證《毛序》之說也。

## （二）毛為引申義

下述之篇章，則似以毛詩爲引申義無誤：

### 1.〈鄘風·牆有茨〉

> 牆有茨，不可埽也。中冓之言，不可道也。所可道也，言之醜也。
> 牆有茨，不可襄也。中冓之言，不可詳也。所可詳也，言之長也。
> 牆有茨，不可束也。中冓之言，不可讀也。所可讀也，言之辱也。

毛謂此爲衛人刺其上也，因公子頑通乎君母，「鄭氏曰：宣公卒，惠公幼，其庶兄頑烝於惠公之母，生子五人：齊子、戴公、文公、宋桓夫人、許穆夫

---

人。」，〔註117〕國人疾之（其上即指宣姜及頑）。而齊韓二說皆謂刺衛宣公納子之妻，後父子、兄弟、君臣相殘，三世不安也。王禮卿先生以爲詩恉有二說，齊韓爲本義，毛爲引申義。此因事情發生年代有先後，〔註118〕故應以王先生所攷之爲是。下〈鄘風・鶉之奔奔〉亦同。

2.〈鄘風・鶉之奔奔〉

　　鶉之奔奔，鵲之彊彊。人之無良，我以爲兄！

　　鵲之彊彊，鶉之奔奔。人之無良，我以爲君！

《毛序》以此爲衛人刺宣姜鶉鵲不若也，因公子頑烝宣姜，不如禽鳥，韓說刺宣姜與頑非匹偶，其義當與毛同。而齊說則以此爲衛公子洩、職，見宣公奪其子妻，怨之，作詩以刺宣公。王禮卿先生定齊說爲本義，毛韓爲引申義。

而爲何取之淫邪之事入《詩經》？「蓋自古淫亂之君，自以謂密於閨門之中，世無得而知者，故自肆而不反。聖人所以著之於經，使後世爲惡者，知雖閨中之言，亦無隱而不彰也，其爲訓戒深矣！」〔註119〕

總而言之，「不論所刺爲宣姜，爲宣公，爲其長庶公子頑。要之，衛公室男女生活腐化，淫昏之惡，不堪言說。雖然牆宇高峻，若可自防。而內冓之室，中夜闇昧之言，舉無逃於人民之耳目。」〔註120〕此正爲《詩》之教化也。

3.〈鄘風・蝃蝀〉

　　蝃蝀在東，莫之敢指。女子有行，遠父母兄弟。

　　朝隮于西，崇朝其雨。女子有行，遠兄弟父母。

　　乃如之人也！懷昏姻也！大無信也！不知命也！

三家皆主人君淫佚之旨：刺奔女，此奔女爲衛君所納者，故爲衛君淫佚之作，蝃蝀則爲邪氣之象。毛謂衛文公能以道化民，止奔也。

蝃蝀俗稱美人虹，又稱霓，顏色鮮豔者爲雄，曰虹；闇者爲雌，爲蜺，即今日所云之虹、霓也。詩中之「行」謂嫁也，「女子必待命而行，以爲禮也。」〔註121〕詩人以虹氣之不祥起興，言「女子出嫁是自然的道理，爲什麼不待出

---

〔註117〕呂祖謙：《呂氏家塾讀詩記》，頁92。

〔註118〕可參見王禮卿：《四家詩恉會歸》，冊一，頁142。

〔註119〕呂祖謙：《呂氏家塾讀詩記》，頁93。

〔註120〕陳子展：《詩經直解》，頁945。

〔註121〕陳奐：《詩毛氏傳疏》，頁143。

嫁，就淫奔離開她的兄弟父母呢！」以此謂那些淫奔的男女們，不知父母之命的重要。

古人以爲蝃蝀乃淫奔之象，故「君子見戒而懼諱之，莫之敢指」，〔註122〕人民見了東方出現的虹而不敢指說，因其覺得言之恥也，以此言「人民既以淫奔爲羞恥，不屑出於口，誰還敢去作這種淫奔的行爲？」〔註123〕藉以說明，衛文公能以德化民也。

王禮卿先生認爲，《毛序》雖標明衛文公之時，但只概論其止奔之化，非確指某人、某事，故爲引申義。「蓋詩之本義，多爲具體之人與事而作，三家多傳其原作者與本事；引申義則就某人某事之古詩，引申於時人或時事，故多推概之詞。」〔註124〕陳子展亦認爲，「古文《毛序》以爲『止奔』，從正面說教。蓋用采詩者之義，或序詩者之義。今文三家遺說以爲『刺奔女』，從反面說教，蓋用作詩者之義。說教一也，後說近是。」〔註125〕恰可證王禮卿先生之言。

### 4.〈衛風・碩人〉

> 碩人其頎，衣錦褧衣。齊侯之子，衛侯之妻，東宮之妹，邢侯之姨，
> 譚公維私。
>
> 手如柔荑，膚如凝脂，領如蝤蠐，齒如瓠犀，螓首蛾眉，巧笑倩兮，
> 美目盼兮。
>
> 碩人敖敖，說于農郊。四牡有驕，朱幩鑣鑣。翟茀以朝。大夫夙退，
> 無使君勞。
>
> 河水洋洋，北流活活。施罛濊濊，鱣鮪發發。葭菼揭揭，庶姜孽孽，
> 庶士有朅。

魯謂此爲傅母砥礪莊姜之詞，而毛以爲閔莊姜賢而不荅，終以無子，國人憂之作也，齊義同毛。王禮卿先生以爲詩恉有兩說，「雖皆爲莊姜而作，皆致美義於言外，而一規一閔，時之先後亦異。」〔註126〕故魯爲本義，毛齊爲引申義。

魯說：傅母見莊姜婦道不正，故喻之。並做詩〈碩人〉，砥礪女之心以高節，爲國君之夫人尤不可有邪僻之行，女遂感而自修。（《列女傳・齊女傅母

---

〔註122〕陳奐：《詩毛氏傳疏》，頁 143。
〔註123〕傅隸樸：《詩經毛傳譯解》，頁 218。
〔註124〕王禮卿：《四家詩恉會歸》，冊一，頁 484。
〔註125〕陳子展：《詩經直解》，頁 156。
〔註126〕王禮卿：《四家詩恉會歸》，冊二，頁 533。

篇》）〔註127〕而毛說則出自《左傳・隱三年》：「衛莊公娶於齊東宮得臣之妹，曰莊姜，美而無子，衛人所謂賦〈碩人〉也。」〔註128〕《毛序》義與《左傳》同。

陳子展云：

> 此詩之言外之義，蓋采詩、編詩或序詩之義，非詩本義。何楷謂詩作於莊姜始至之時。是也。魏源云：「《碩人》，莊姜之傅母所作也。姜交（交姣古通）好，始往，操行衰惰，淫佚冶容。傅母諭之乃作詩，砥屬女以高節：家世尊榮，當爲民法則；子之質聰達於事，當爲人表式；儀貌壯麗，不可不自修整；衣錦裦裳，飾在輿馬；是不貴德也。女遂感而自修。君子善傅母之防未然也。」〔註129〕

此詩因事有先後，故魯爲本義當無誤。

## 四、《詩序》的價值

陳新雄先生嘗云：「經學之《詩經》，固與文學之《詩經》隨意發揮者有異也。」〔註130〕此說甚是。王禮卿先生會歸四家，發見三義，分析《毛序》及三家詩序，闡述《詩》中篇章之三義，乃前賢所未發，使吾人得知《詩序》之可貴。傅隸樸談論到《詩序》之價值時曾言：

> 如果我們不了解時代與社會的背景，把讚美古人的話做爲讚美今人，那就是癡人說夢了。顧頡剛編輯的《古史辨》，其中所載的言論，都是反對《詩序》的，因爲他們把《詩序》丟開了來解釋詩，把作詩的人、時、地一律加以抹煞，他們自以爲言之成理。如果眞正照他們的解釋去讀詩，我可以說沒有一篇詩能讀的通。所以我認爲《詩序》是絕不可廢的，也絕對不是村野妄人所能作得出的。〔註131〕

而程元敏亦云：「書序於書，不若詩序於詩之關係重大。書無序，可據書求『事』；詩無序，難以因詩以求『義』。風、雅、頌均有序，風序之於風詩，較雅、頌序之於雅、頌，尤爲重要。蓋雅、頌無序，緣雅詩、頌詩以索其意，

〔註127〕王禮卿：《四家詩恉會歸》，冊二，頁532。
〔註128〕《十三經注疏・左傳・隱公三年》，頁53。
〔註129〕陳子展：《詩經直解》，頁178。
〔註130〕陳新雄：〈潘師石禪之詩經學〉，《漢學研究之回顧與前瞻國際學術研討會論文集》（台北：國立台灣師範大學國文學系，2006年4月），頁9。
〔註131〕傅隸樸：《詩經毛傳譯解》，頁30。

什得七、八；風詩無序，則吾人安能逆知千古以上詩人諷託之義哉？職是之故，風序之存廢，關乎詩義甚大，援風序說風詩，序失，十五國風亦竝失。」〔註132〕其說甚是。

　　王禮卿先生「由三義之晦而不彰，進暸多用致歧之所以，本以發三義竝存之理，則四家之分可泯，雙流之對以解，而流異源同之法，得融貫於一。」〔註133〕其舉先秦典籍、四家詩傳，發見詩之三義，辨明四家詩恉實流異源同，會歸四家詩為一統，可說居功厥偉。亦使吾人更加了解《詩序》對《詩經》的重要性為何，亦確立說《詩》必宗《詩序》之旨矣。

---

〔註132〕程元敏：《王柏之詩經學》，頁28。
〔註133〕王禮卿：《四家詩恉會歸‧序》，頁2。

# 第四章　《四家詩怡會歸》興義研究

　　「詩有六義焉：一曰風，二曰賦，三曰比，四曰興，五曰雅，六曰頌。」
〔註1〕其中「賦比興是詩之所用，風雅頌是詩之成形，用彼三事，成此三事，
是故同稱爲義。」，〔註2〕賦爲「以白描之方式鋪陳其事。」，〔註3〕比爲「以
比喻之方式比況事物。」，〔註4〕目前已成定論；惟「興」之義爲何，學者至
今仍眾說紛紜。

　　然「興」於《詩》之重要尤甚，毛公獨標興體，且數量佔全經三分之一
強，可徵「興」於《詩經》之重要性。且「興義之影響，甚鉅甚廣。《禮記・
經解》曰：『溫柔敦厚，《詩》教也』，〈學記〉曰：『不學博依，不能安詩』，
孔子曰：『詩可以興』，實皆與隱喻息息相關。創作方面，屈騷以降，無任何
時代不受興義之衣被——但多日用興義而不自知。」〔註5〕

　　王禮卿先生歷四十餘年總歸詩學之一統，成《四家詩怡會歸》一書，其
中針對「興」體有詳細之分析，本章將以此爲基準，找出《詩》中與其相對
應之篇章，對王先生「興之體例」詳加深究。除此之外，並與《詩序》合觀，
以《詩序》作爲解詩之標準，期能使吾人在了解《詩》之興體爲何外，又能

---

〔註1〕　鄭玄：《毛詩鄭箋》（台北：學海出版社，民國90年9月，再版），頁1。
〔註2〕　孔穎達疏：《毛詩正義》，《十三經注疏・詩經》（台北：藝文印書館，1976年），
　　　　頁16。
〔註3〕　林葉連：〈論《詩經》之興義及其影響〉，《詩經論文》（台北：台灣學生書局，
　　　　1997年3月，增訂版），頁88。
〔註4〕　林葉連：〈論《詩經》之興義及其影響〉，《詩經論文》，頁88。
〔註5〕　林葉連：〈論《詩經》之興義及其影響〉，《詩經論文》，頁166。

明詩篇作者如何利用「興」之筆法來成就詩恉。

　　「興」歷來眾說紛紜，《魯詩》學者孔安國解釋爲「引譬連類」，〔註6〕做爲「興」的定義，頗值得重視，其中既有「起」意，又有「隱喻」意；目前學者有主張「聯想」，或是主張「所言在此，所指在彼」，大致上逃不出「引譬連類」的範圍。而王禮卿先生則加以細分，相較於孔安國的說法，有後出轉精的效果。毛傳於《詩經》中不標賦、比，興則特標「興也」，王先生根據《毛傳》加以統計：

> 計〔註7〕國風七十篇，實爲八十六篇；小雅四十篇，實爲四十四篇；大雅五篇，實爲六篇；三頌一篇，實爲三篇。（毛傳）所言興者共一百一十六，實見興義者一百三十九篇，居全經三分之一強。……毛公特標興體，不憚煩瑣，具徵興於全經之重要。（《四家詩恉會歸》，冊一，頁40）

而「興」於《詩經》之重要性到底爲何？林師葉連云：

> 周朝君主爲了怕天命轉移，必須肯定百姓過著安定喜樂的生活。他們認爲透過詩篇以知道民情諷喻，不失爲可信賴的管道；爲了知曉民情諷喻，於是規定臣下獻詩，朝廷設采詩官以采詩，樂官忙著爲詩配樂，瞽矇也要諷頌詩篇，掌教化的官員也要負責教化貴族子弟。就爲了讓王者高枕無憂，當時與詩有關的各部門都動了起來。
>
> 在這個君王要求看詩、聽詩的時期，臣下作詩諷諫首要注重的是「文采之美」以造成比較有感染力的文學效果，並且要委婉勸說以求得「全身保命」；此即〈關雎序〉：「主文而譎諫」。這是《詩經》詩恉大多如「霧裡看花，終隔一層」的原因。〔註8〕

可知雖然周朝諷諫風氣十分盛行，但臣子爲確保個人生命安全，故在獻詩時，多藉「興」之筆法「所言在此，所指在彼」，藉此種隱諱的諷諫法，使君王能接受臣下的委婉勸說，但相對而言，也往往使得詩恉晦澀不明，後人則必須藉《詩序》之助，來明瞭詩篇的特定用意，陳奐在《詩毛氏傳疏》的自序中

〔註6〕　何晏注，邢昺疏：《論語注疏》（臺北：藝文印書館），頁156。
〔註7〕　此指《毛傳》。
〔註8〕　林葉連：〈《詩經》學的指南——《詩序》〉，《文理通識學術論壇》第五期（民國90年10月），頁7～8。

亦云：「讀《詩》不讀《序》，無本之教也。」〔註9〕《詩序》對解詩的重要性自是不言而喻了。

　　而王先生有鑑於「興」於全經之重要，歷來諸賢卻無總賅系統之作，故特考全經，詳釋《詩經》興之體例，下分為八。筆者試對其分類項目各舉出一例說明之，並與《詩序》合觀，以《詩序》作為解詩之標準，期能藉此在證王先生所述不虛以外，又能明詩篇作者如何利用「興」之筆法來成就詩恉，以下試分別討論之。

# 一、以興義之單複言之

## （一）兼比之興

> 興隱比顯，興婉比直，興廣比狹，故興可包比，成一詞微旨遠義廣
> 之興體。以義見於象，遐以象義，達成言在此而意在彼之正意。是
> 即兼比之興。（《四家詩恉會歸》，冊一，頁40）

因為興隱比顯，興婉比直，興廣比狹，故興可包比，詩人常藉此達成言在此而意在彼之正意，這就是兼比之興。

　　而比興相近，往往令人難以分辨，歷來學者亦為此爭論不休，在此最重要的應為「興可包比」，《文心雕龍》及孔穎達《毛詩正義》均明確指出「比顯而興隱」這個觀念：

　　《文心雕龍・比興》：

> 詩文弘奧，包韞六義，毛公述傳，獨標興體，豈不以風通而賦同，
> 比顯而興隱哉！〔註10〕

　　孔穎達《毛詩正義》卷一：

> 比之與興，雖同是附托外物，比顯而興隱。〔註11〕

此一說法說明了比、興二法之區別，「比則畜（一作蓄）憤以斥言，興則環譬以記諷。」，〔註12〕正為一顯一隱，簡明扼要的說明了二者之不同特色，故「興可包比」。

　　呂祖謙云：

---

〔註9〕　陳奐：《詩毛氏傳疏》（台北：臺灣學生書局，民國75年10月），頁4。
〔註10〕劉勰：《文心雕龍》（台南：綜合出版社，1989年8月），頁601。
〔註11〕孔穎達疏：《毛詩正義》，頁15。
〔註12〕劉勰：《文心雕龍》，頁601。

　　興與比相近而難辨，興多兼比，比不兼興。意有餘者興也，直比之

　　者比也。〔註13〕

其認為興之兼比只宜視為興，不可歸於比。即王先生所言「興可包比」，但

比不為興。兼比之興為經之正例常例，此例最多。例如〈周南·關雎〉首章：

　　關關雎鳩，在河之洲。窈窕淑女，君子好逑！

王先生云：「關雎首章：以雎鳩和鳴，偕此河洲之象，擬后妃德懿，和諧宮闈

之正意；又以雎鳩摯而有別之美性，擬后妃貞專閒靜之性德；擬德之義，則

寄物性中，象義隱顯各半，而成頌美后妃德盛之正意。」，〔註14〕詩人以此「摯

而有別」的鳥來比喻詩中的君子及淑女的品格，同時也要后妃學習雎鳩之美

德，並期能有風行草偃的效果，〔註15〕正意與興象比對，逕成詩怡，為兼比

之興例。

## （二）不兼比之興

　　但取事物性象所寄隱微之義，與正意對立，以成言在此，而意在彼

　　之興意。不與興象一一比對，乃興象繁而正意簡，亦非以象逕興。

　　是即不兼比之興。（《四家詩怡會歸》，冊一，頁41）

其非以事物之性象一一對比興象，可能列出許多興象來表達某一簡單之正

意，如〈小雅·大東〉首章：

　　有饛簋飧，有捄棘匕。周道如砥，其直如矢。君子所履，小人所視。

　　睠言顧之，潸焉出涕。

《詩序》：「〈大東〉，刺亂也。東國困於役而傷於財，譚大夫作是詩以告病焉。」

鄭箋：「小也，大也，謂賦歛之多少也。小亦於東，大亦於東，言其政偏，

失砥矢之道也。」〔註16〕此為東國困於役而傷於財，譚大夫告病刺亂之作，

而首章「言西周盛時賦歛不苛，行旅不苦，眷戀回顧，不覺泣下。」〔註17〕

以堆滿金盆之熟食及彎而長的飯匙來「併寄宴容惠厚之一義，以興遇民恩厚

---

〔註13〕呂祖謙：《呂氏家塾讀詩記》（台北：新文豐出版社，民國73年6月初版），
　　　　頁25。

〔註14〕王禮卿：《四家詩怡會歸》，冊一，頁41。

〔註15〕《詩序》：「〈關雎〉，后妃之德也。風之始也。所以風天下而正夫婦也，顧
　　　　用之鄉人焉，用之邦國焉。……是以關雎、樂得淑女以配君子，憂在進賢，
　　　　不淫其色，哀窈窕，思賢才，而無傷善之心焉，是〈關雎〉之義也。」

〔註16〕鄭玄：《毛詩鄭箋》，頁96。

〔註17〕陳子展：《詩經直解》（台北：書林出版社，民國81年8月），頁722。

之正意。」，〔註18〕不是一對一的比喻，而是總興一義，爲不兼比之興例。

## 二、以興意之曲直言之

### （一）正　興

> 興有善惡臧否盛衰離合之異象，含有悲懼哀樂喜怒怨歎之殊情，其
> 情義與正意一致者，即爲正興。（《四家詩恉會歸》，冊一，頁 41）

意指事物外在之形象與所欲表達之正意一致，即正興之例。〈周南・桃夭〉：

> 桃之夭夭，灼灼其華。之子于歸，宜其室家。
> 桃之夭夭，有蕡其實。之子于歸，宜其家室。
> 桃之夭夭，其葉蓁蓁。之子于歸，宜其家人。

《詩序》：「桃夭，后妃之所致也。不妬忌，則男女以正，婚姻以時，國無鰥民
也。」首章以「桃之夭夭，灼灼其華。」起興，帶出以下之句「之子于歸，宜
其室家。」，以美麗盛開的桃花「聯想到青春少女，結婚時的姿彩。」，〔註19〕
「以眼前其華之豔起興，美嫁娶之及時也。」〔註20〕後以實盛、葉盛，興少女
容顏、儀德之美，爲正興者。

### （二）反　興

> 興之象義及含情，與正意反背者，即爲反興。（《四家詩恉會歸》，冊
> 一，頁 41）

與正興相反，意指象徵的事物外在形象和所要表達的意思兩者相悖。如〈魏
風・園有桃〉：

> 園有桃，其實之殽。心之憂矣，我歌且謠。不知我者，謂我士也驕。
> 彼人是哉，子曰何其？心之憂矣，其誰知之？其誰知之？蓋亦勿思！
> 園有棘，其實之食。心之憂矣，聊以行國。不知我者，謂我士也罔極。
> 彼人是哉，子曰何其？心之憂矣，其誰知之？其誰知之？蓋亦勿思！

《毛傳》以爲前二句爲「興也」，以園有桃，可得其實食之，喻國有民，可得
其力而用之，來反興魏君「儉以嗇，不能用其民。」，〔註21〕不能民力，此爲

---

〔註18〕王禮卿：《四家詩恉會歸》，冊一，頁 41。
〔註19〕文鈴蘭：《詩經中草木鳥獸意象表現之研究》（台北：國立政治大學中文所碩
　　　士論文，民國 75 年），頁 93。
〔註20〕陳子展：《詩經直解》，頁 14。
〔註21〕《詩序》：「〈園有桃〉，刺時也。大夫憂其君國小而迫，而儉以嗇，不能用其

反興之例。

### （三）正反相兼之興

> 以興之正反兩象義，會爲正反合一之一象義，以興正反會一之正意，
> 是即正反相兼之興。（《四家詩恉會歸》，冊一，頁41）

指用興的正面及反面兩種象徵意義，合成正反合一的另一種意思，再以兩者點出所欲表達的眞正意思。

〈邶風・新臺〉：

> 新臺有泚，河水瀰瀰。燕婉之求，籧篨不鮮。
>
> 新臺有洒，河水浼浼。燕婉之求，籧篨不殄。
>
> 魚網之設，鴻則離之。燕婉之求，得此戚施。

《詩序》言此詩：「〈新臺〉，刺衛宣公也。納伋之妻，作新臺于河上而要之。國人惡之，而作是詩也。」。伋，爲宣公之世子，伋娶齊女爲妻，宣公聞齊女色美，故在黃河築新臺，待其至河而奪媳爲妻。此醜行敗壞倫常，使衛人深惡痛絕，故作此詩刺之。

詩末章云：原設魚網欲捕魚（正），卻不料是鴻（野鵝）反著了網（反），以此興齊女原欲與安好之人（指伋）婚配（正），所得者卻爲配惡衛宣公（反），以此正反交錯之象義，點出「所得非所求」之正意，委婉以成詩恉。

## 三、以興義之隱顯言之

### （一）竝綴正意之興

> 興義與正意已具於上，再以賦語申敷正意於下，顯著其言在此而意
> 在彼，隱微擬議之旨，以起下轉進之言。是即竝綴正意之興。（《四
> 家詩恉會歸》，冊一，頁42）

指興義與正意已經寫出來了，下面再以賦繼續深入論述詩中眞正涵意，讓意思更爲明顯。

〈召南・行露〉：

> 厭浥行露，豈不夙夜？謂行多露。
>
> 誰謂雀無角？何以穿我屋？誰謂女無家？何以速我獄？雖速我獄，
> 室家不足。

---

民，而無德教，日以侵削，故作是詩也。」

誰謂鼠無牙？何以穿我墉？誰謂女無家？何以速我訟？雖速我訟，
亦不女從。

《詩序》云：「〈行露〉，召伯聽訟也。衰亂之俗微，貞信之教興；彊暴之
男，不能侵陵貞女也。」

首章以「厭浥行露」總興下文「汝或有室家，而無致我於訟獄之理也。」，
〔註22〕二、三章再以誰謂雀無角、鼠無牙，何以穿我屋、墉，以興汝或有室
家，而無致我於訟、獄之理也。興義與正意已具於上，下再以賦語鋪陳所興
之意，以明詩恉。

### （二）不綴正意之興

興語獨具隱微擬議之正義，其下不復以賦語申敷。是即不綴正意之
興。（《四家詩恉會歸》，冊一，頁42）

與㈠綴正意之興相反，興語自己就具有所欲表達的意思，下面不再用賦
語陳述。

〈周南・樛木〉首章：

南有樛木，葛藟纍之。樂只君子！福履綏之。

詩中以葛藟攀附枝幹彎曲之樹向上生長，「比喻婦人依靠夫家，或者眾妾依附
后妃。」，〔註23〕言后妃能逮下也，而無嫉妒之心，〔註24〕興義、正意俱足，
不再以賦語鋪陳所興之意。

## 四、以興體之廣狹言之

王先生在此所列出的興義，是由最廣排到最狹：全篇之興、全章之興、
上下皆興、數句之興、二句之興、單句之興，以下試分別論述。

### （一）全篇之興

通篇皆用興體，不閒賦語。是即全篇之興。（《四家詩恉會歸》，冊一，
頁4）

整篇都用興體，沒有再加上賦語鋪陳。

〈周南・茉苢〉：

---

〔註22〕陳子展：《詩經直解》，頁47。
〔註23〕潘富俊著，呂勝由攝影：《詩經植物圖鑑》（台北：貓頭鷹，2001年），頁23。
〔註24〕《詩序》曰：「〈樛木〉，后妃逮下也。言能逮下，而無嫉妒之心焉。」

采采芣苢，薄言采之。采采芣苢，薄言有之。

采采芣苢，薄言掇之。采采芣苢，薄言捋之。

采采芣苢，薄言袺之。采采芣苢，薄言襭之。

全篇以已采芣苢（宜子之草〔註25〕）起興，描寫出在和平之世婦女期盼多子的心情。《詩序》云：「和平，則婦人樂有子焉。」，詩人以后妃之德化被及南國，自室家和而天下和，政教平也，婦人皆樂有子，由采芣苢的一連串動作：采之、有之、掇之、捋之、袺之、襭之等，點出一「樂」字。

### （二）全章之興

通章皆用興體，不閒賦語。是即全章之興。（《四家詩恉會歸》，冊一，頁 42）

與全篇之興意義相同，只是範圍縮小了，指整章都用興體，沒有再加上賦語鋪陳。

〈周南・葛覃〉首章：

葛之覃兮，施于中谷，維葉萋萋。黃鳥于飛，集于灌木，其鳴喈喈。

首章以草木作興，葛草茂盛，其藤蔓生，延伸於谷中，興后妃長成，體貌皆盛，再以黃鳥飛翔，落在灌木上，「其鳴喈喈」，鳴聲遠聞，以興后妃之德，於國內聲聞遠播。

二、三章分別言女功不怠及歸寧父母，以明詩恉：「后妃之本也。后妃在父母家，則志在於女功之事；躬儉節用，服澣濯之衣；尊敬師傅；則可以歸安父母，化天下以婦道也。」（《詩序》）

### （三）上下皆興

一章中上下皆興體，其中閒以賦語，是即上下皆興之格。（《四家詩恉會歸》，冊一，頁 43）

在一章中，上下皆用興體，其中再加上賦語，串聯其意義。

〈唐風・椒聊〉首章：

椒聊之實，蕃衍盈升。彼其之子，碩大無朋。椒聊且！遠條且！

《詩序》：「〈椒聊〉，刺晉昭公也。君子見沃之盛彊，能脩其政，知其蕃衍盛

---

〔註25〕車前子，可藥用，宜懷姙，可治婦人難產，為藥用植物。參考潘富俊著，呂勝由攝影：《詩經植物圖鑑》，頁 27 及陸文郁：《詩草木今釋》（台北：長安出版社，1992 年），頁 5。

大，子孫將有晉國焉。」，二章皆以椒聊之實蕃衍盈升、盈匊，興桓叔子孫如花椒結的子多又繁盛；後以花椒之香氣遠悠，興桓叔之聲聞、德業之遠揚，日益長遠。

中間二句爲賦語，指桓叔之偉大無可比倫，與上下二興貫串。陳奐亦云：「施以椒實之蕃衍，興桓叔子孫之蕃衍；又以椒氣之遠長，興桓叔之政教；此皆興。唯中二句非興。」〔註26〕此即上下皆興之例。

### （四）數句之興

> 數句連屬，以數事物性象層列，貫成一興義；或以一、二、事物注
> 於兩象，貫成一興義；皆即數句之興。（《四家詩恉會歸》，冊一，頁
> 43）

用幾個句子、幾個事物性象層列，貫串成一興義；或以一到二個事物貫成一興義。

〈周南・漢廣〉：

> 南有喬木，不可休思。漢有游女，不可求思。漢之廣矣，不可泳思。
> 江之泳矣，不可方思。
> 翹翹錯薪！言刈其楚。之子于歸？言秣其馬。漢之廣矣，不可泳思。
> 江之永矣，不可方思。
> 翹翹錯薪！言刈其蔞。之子于歸？言秣其駒。漢之廣矣，不可泳思。
> 江之永矣，不可方思。

詩人以「南有喬木，不可休思。」帶出下句「漢有游女，不可求思。」之感歎，因「喬木雖好而以太高而枝葉不能蔭下，乃不足以供休息。由此聯想：漢有游女，游女雖美，而以其距離之遠而不可追求。」〔註27〕「喬木不可攀也，興女有高潔之行。」〔註28〕喬木在詩中所扮演之角色是爲了起興所用。

且三章後四句均言「漢之廣矣，不可泳思。江之永矣，不可方思。」以漢水之寬、之長，不可泅泳、乘筏橫渡貫成一興義——漢之游女，不可求思。文中許多「不可」，是「發乎情，止乎禮」，不做非分之想，更不去強求不可得的對象，以明詩恉：「〈漢廣〉，德廣所及也。文王之道被于南國，美化行乎

---

〔註26〕陳奐：《詩毛氏傳疏》，頁286。
〔註27〕文鈴蘭：《詩經中草木鳥獸意象表現之研究》，頁74。
〔註28〕呂祖謙：《呂氏家塾讀詩記》，頁36。

江漢之域，無思犯禮，求而不可得也。」

### （五）兩句之興

> 以一二或數事物之性象，二語連文，達成一義，即兩句之興。(《四家詩恉會歸》，冊一，頁 43)

以物象起興，用二句連文，達成一義。

〈召南‧摽有梅〉：

> 摽有梅，其實七兮。求我庶士，迨其吉兮！
> 摽有梅，其實三兮。求我庶士，迨其今兮！
> 摽有梅，頃筐塈之。求我庶士，迨其謂之！

《詩序》：「〈摽有梅〉，男女及時也。召南之國被文王之化，男女得以及時也。」詩中以梅之實「七兮」、「三兮」、乃至「頃筐塈之」表示「無餘」，以興女子之青春年華由盛至逝之景，其義各以二句達成。

呂祖謙云：

> 范氏曰：昔者聖人觀天地萬物之情，因民之有男女，而制為昏禮，使之夫婦有別，以相生養，以相代續。是以〈關雎〉言后妃之德，而至於男女以正，昏姻以時；〈鵲巢〉言夫人之德，而至於男女得以及時；〈桃夭〉美其盛也，故以桃喻；〈摽有梅〉喻其早也，故以梅喻，〈東山〉言嫁娶之候，亦曰倉庚于飛，熠耀其羽，聖人觀草木蟲鳥之變，亦未嘗不在民也。〔註29〕

因「嫁娶不及時，則有曠男怨女，男誘女奔者矣。仲春嫁娶期盡，至孟夏而梅熟，老女不嫁，而〈摽梅〉之詩作矣。」〔註30〕故詩中以梅起興，喻男女嫁娶及時也。

### （六）單句之興

> 以一事物之性象，用一語達成其一義，即單句之興。(《四家詩恉會歸》，冊一，頁 43)

用單句寫一個事物的性象，以此達成所要說明的一個意義。

〈周南‧麟之趾〉：

> 麟之趾，振振公子。于嗟麟兮！

---

〔註29〕呂祖謙：《呂氏家塾讀詩記》，頁 51。
〔註30〕陳子展：《詩經直解》，頁 55。

　　　　麟之定，振振公姓。于嗟麟兮！

　　　　麟之角，振振公族。于嗟麟兮！

《詩序》：「〈麟之趾〉，〈關雎〉之應也。〈關雎〉之化行，則天下無犯非禮。雖衰世公子皆信厚如麟趾之時也。」《詩序》意謂麟爲瑞應之獸，德政之效應，人君有德而麟至，古人將麟看作一種神獸，賦予其至高至美的地位。聞一多在〈匡齋尺牘〉中提到：「〈麟之趾〉篇的『麟』是獸的名號，同時也是仁的象徵，必須有這雙層的涵義，下文『振振公子』才有著落。」〔註31〕可知作者運用麟此種神獸的意象，來美公子之賢「信厚如麟趾之時也」。

　　三章首句寫麟之蹄趾、額頂、頭角之形象，陸璣《毛詩草木鳥獸蟲魚疏》云：「麟，麕身、牛尾、馬足、黃色、圓蹄、一角、角端有肉。音中鐘呂，行中規矩。遊必擇地，詳而後處。不履生蟲，不踐生草，不群居，不侶行，不入陷穽，不罹羅網。王者至仁，則出。」〔註32〕麟的蹄趾，不履生蟲，不踐生草；麟的頭角，角端有肉，所以沒有攻擊的意圖，因而全篇各章皆分別以「麟之趾」等三個字以興公子、公姓及公族的仁厚、誠實。

## 五、以興格之繁簡言之

### （一）以一興興再興

　　　　前以象義雙顯之興，興一正意，爲初興；再踵正意，更興一正意，

　　　　爲再興。但踵意不踵象，故初興爲篇恉之副興，再興爲正興，而

　　　　歸主於正興。是即以一興興再興。（《四家詩恉會歸》，冊一，頁44）

意指詩文前面先用象義（意象、意義）雙顯之興，興一正意，此爲初興；再接著興另外一個正意，此爲再興。但只有意思是連續的、使用的意象是不同的（即踵意不踵象），故初興爲篇恉之副興，再興爲正興，而歸主於正興。

　　〈周南・卷耳〉：

　　　　采采卷耳，不盈頃筐。嗟我懷人，寘彼周行。

　　　　陟彼崔嵬，我馬虺隤。我姑酌彼金罍，維以不永懷！

　　　　陟彼高岡，我馬玄黃。我姑酌彼兕觥，維以不永傷！

　　　　陟彼砠矣，我馬瘏矣，我僕痡矣，云何吁矣！

---

〔註31〕聞一多：〈匡齋尺牘〉，《聞一多全集・神話與詩》（台北：里仁書局，民國82年9月20日），頁345。

〔註32〕陸璣：《毛詩草木鳥獸蟲魚疏》（台北：中華書局，1985年），頁49。

卷耳是古代的一種野菜，而這種容易採到的野菜為何總會「不盈頃筐」呢？原來是因為詩中主角——大夫之妻〔註33〕因思夫而無心採摘之故，並將筐置於路旁，此為詩中之初興。

　　以此初興，再興作者（后妃）思大夫之勤，故警戒文王須知其勞苦，更希望文王求賢審官，置周之列位，此為再興也。《詩序》亦云：「〈卷耳〉，后妃之志也。又當輔佐君子：求賢審官，知臣下之勤勞。內有進賢之志，而無險詖私謁之心。朝夕思念，至於憂勤也。」

　　姚際恆不信《詩序》，其言曰：「《毛傳》不釋《序》，且其言亦全不知有《序》者。」〔註34〕此言差矣；毛公不僅見《序》，而且多依《序》解詩，例如〈卷耳〉的「周行」，毛公不解釋成「周之國道或大道」，而是依《序》作解：「行，列也。思君子，官賢人，置周之列位。」〔註35〕

　　**（二）以顯興興隱興**

> 以人物事象層遞，成一設境，興一正意，為顯興；再踵顯興正意，
> 一一轉進，成一深遠之義，更興一正意，疊二為一，為隱興。顯興
> 主於境，隱興主於義，故顯興為引興，隱興為主興，而歸重於主興。
> 是即以顯興興隱興之例。（《四家詩恉會歸》，冊一，頁44）

以人、物、事、象層遞，來興一正意，此為顯興；再接著前面鋪陳的顯興，慢慢轉進，成為另一個深遠之義，將兩者合併為一，即為隱興。重點則在後面的隱興。

　　〈秦風·蒹葭〉：

> 蒹葭蒼蒼，白露為霜。所謂伊人，在水一方。遡洄從之，道阻且長。
> 遡游從之，宛在水中央。
> 蒹葭淒淒，白露未晞。所謂伊人，在水之湄。遡洄從之，道阻且躋。
> 遡游從之，宛在水中坻。
> 蒹葭采采，白露未已。所謂伊人，在水之涘。遡洄從之，道阻且右。
> 遡游從之，宛在水中沚。

陳奐云：「此詩多用興體也：先言蒹葭之盛，喻國家之興，此一興也。又言霜

---

〔註33〕據陳子展考證（《詩經直解》，頁9～10），詩中有僕有馬，更有兕觥及金罍，皆為古代大夫所用之器，故可知詩中所寫之人非一般平民。
〔註34〕姚際恆：〈詩經論旨〉，《詩經通論》（台北：廣文書局，民國77年），頁2。
〔註35〕鄭玄：《毛詩鄭箋》，頁3。

至物成，喻禮得國興，此一興也。下皆以水爲喻，遡洄猶逆禮，遡游猶順禮，此又一興也。首章爲霜，喻己得禮；下章未晞、未已，就未爲霜言，喻未得禮。於義三章盡同。」〔註36〕

蒹葭之盛除喻國之興，亦猶賢人之德盛，「伊人」爲「是知周禮之賢人，乃在大水之一邊，假喻以言遠。」〔註37〕詩中以賢者隱居、求賢者往求之象，點出順志易見、逆志難見之情境，此爲顯興。再以此轉爲國君治國，順禮易治、逆禮難治之意，刺襄公「未用周禮，將無以固其國焉。」，〔註38〕此爲隱興。

### （三）具象略義之興

> 但述事物之象，不著所含之義，義寄事物性象之中，第以所蘊隱微之義，興詩之正意，即具象略義之興。亦即象義隱顯各半之格。（《四家詩恉會歸》，冊一，頁44）

只有敘述事物之意象，不寫所含之意義，而將意義寄託在事物的性象當中。

〈周南・螽斯〉：

> 螽斯羽，詵詵兮。宜爾子孫，振振兮！
>
> 螽斯羽，薨薨兮。宜爾子孫，繩繩兮！
>
> 螽斯羽，揖揖兮。宜爾子孫，蟄蟄兮！

《說文》：「螽，蝗也。」，〔註39〕《毛詩品物圖攷》云：「集傳，蝗屬，長而青，長角長股，能以股相切作聲，一生九十九子。」，〔註40〕螽斯能鼓翅發聲，生殖力極強。

詩中以螽斯多子興后妃子孫眾多也，義寄於事物性象之中，象義隱顯各半，恰符合《詩序》所云：「〈螽斯〉，后妃子孫眾多也，言若螽斯。不妒忌，則子孫眾多也。」

### （四）象義竝具之興

> 述事物之象，竝顯所具之義，即象現義，以興詩之正意，即象義竝

---

〔註36〕　陳奐：《詩毛氏傳疏》，頁309。

〔註37〕　鄭玄：《毛詩鄭箋》，頁52。

〔註38〕　《詩序》：「〈蒹葭〉，刺襄公也。未用周禮，將無以固其國焉。」

〔註39〕　許慎撰，段玉裁注：《說文解字注》（台北：洪葉文化事業有限公司，1999年），頁681。

〔註40〕　岡元鳳：《毛詩品物圖攷》（台北：廣文書局，民國74年），卷六，頁1。

具之興。亦即象義雙顯之格。(《四家詩恉會歸》,冊一,頁 45)

與具象略義相反,指敘述事物的意象,並彰顯所具有的意義。

〈邶風·凱風〉首二章:

> 凱風自南,吹彼棘心,棘心夭夭,母氏劬勞。

> 凱風自南,吹彼棘薪,母氏聖善,我無令人。

《詩序》:「〈凱風〉,美孝子也,衛之淫風流行,雖有七子之母,猶不能安其室。故美七子能盡孝道,以慰其母心而成其志爾。」

凱風為「夏日長養萬物之風」,〔註41〕以南風和煦可化育萬物來比喻母親。棘,酸棗樹,「具長刺及反曲之刺」,〔註42〕「棗叢生,故叢生之木皆得稱棘。」,〔註43〕以棘之出生多刺喻子之難長養者,夭夭是幼嫩的意思。陳奐:「前二章以凱風之吹棘,喻母養其七子。」〔註44〕此詩象與義同時並存,即象現義,可說是「象義雙顯」。

## 六、以興型之異同言之

### (一)各章所託類同之興

> 以興體皆有所託,即託物、託事、託象、託境、託義、設象、設境七類,一篇之數章中,所託類同,即各章所託類同之興。(《四家詩恉會歸》,冊一,頁 45)

只要是興體都會有所託之類,王先生將之分為七類,也就是下列「八、以興相之虛實言之」所提到的:「託物、託事、託象、託境、託義、設象、設境」等 7 類,在詩文之數章中,所託類同,即各章所託類同之興。

〈邶風·終風〉:

> 終風且暴,顧我則笑。謔浪笑敖,中心是悼。

> 終風且霾,惠然肯來。莫往莫來,悠悠我思。

> 終風且曀,不日有曀,寤言不寐,願言則嚏。

> 曀曀其陰,虺虺其靁。寤言不寐,願言則懷。

《詩序》:「〈終風〉,衛莊姜傷己也。遭州吁之暴,見侮慢而不能正也。」

---

〔註41〕陳子展:《詩經直解》,頁 96。

〔註42〕潘富俊著,呂勝由攝影:《詩經植物圖鑑》,頁 63。

〔註43〕陳奐:《詩毛氏傳疏》,頁 91。

〔註44〕陳奐:《詩毛氏傳疏》,頁 91。

詩中以終風且暴、且霾、且曀，曀曀其陰、虺虺其靁起興，以喻其暴戾之行，首章以既颳風又下暴雨，以興暴且狂；次章以既颳風又陰霾，以興暴且昏；三章以既颳風又陰暗，以興暴且暗；末章以除天色陰沉更有震耳之雷鳴，以興除常昏常暗更有暴怒之聲，以上皆有所託，且所託類同，為託物之類。

### （二）各章所託類異之興

> 一篇各章之興，於七類中必有所託，而所託之類相異，即各章所託類異之興。（《四家詩恉會歸》，冊一，頁45）

與上述「各章所託類同之興」相反，一篇各章之興，所託之類別是相異的。

〈召南·草蟲〉：

> 喓喓草蟲，趯趯阜螽。未見君子，憂心忡忡。亦既見止，亦既覯止，
> 我心則降。
> 陟彼南山，言采其蕨。未見君子，憂心惙惙。亦既見止，亦既覯止，
> 我心則說。
> 陟彼南山，言采其薇。未見君子，我心傷悲。亦既見止，亦既覯止，
> 我心則夷。

首章以草蟲喓喓地叫，阜螽隨之蹦蹦地跳，興「妻子之隨從君子」，〔註45〕陳奐云：「古代庶人之家有不備禮者，但卿大夫之妻必待備禮然後行。」，〔註46〕故以此興夫婦相順之禮，為託物之興。

二、三章以登上南山采蕨、采薇，興「從君子必當順其志願」，〔註47〕大夫妻盡婦道，行止得宜、得禮，《詩序》亦云此詩恉為「大夫妻能以禮自防也。」，為託事之興。

### （三）各章詞義大同之興

> 一篇各章之興，詞句及意義全同，或多同者，皆即各章詞義大同之興。（《四家詩恉會歸》，冊一，頁46）

指一篇各章之興義，詞句及意義全同或多同者，即在修辭或詩句意義上改動較少者。

〈王風·揚之水〉：

---

〔註45〕陳奐：《詩毛氏傳疏》，頁47。
〔註46〕陳奐：《詩毛氏傳疏》，頁47。
〔註47〕陳奐：《詩毛氏傳疏》，頁47。

> 揚之水，不流束薪？彼其之子，不與我戍申？懷哉懷哉！曷月予還
> 歸哉？
> 揚之水，不流束楚？彼其之子，不與我戍甫？懷哉懷哉！曷月予還
> 歸哉？
> 揚之水，不流束蒲？彼其之子，不與我戍許？懷哉懷哉！曷月予還
> 歸哉？

三章首句首句皆言「揚之水」，次句以不流束薪、束楚、束蒲〔註48〕興平王恩
澤不行於民，視民如草芥，〔註49〕雖言不流者，實謂能流也。詩中詞句、意
義多同，無少更易者也。

### （四）各章詞義相異之興

> 一篇各類之興，詞句及意義全異，或多異者，皆即各章詞義相異之
> 興。（《四家詩恉會歸》，冊一，頁46）

與「各章詞義大同之興」相反，指一篇各類之興，詞句及意義全異或多異者。

〈齊風‧南山〉：

> 南山崔崔，雄狐綏綏。魯道有蕩，齊子由歸。既曰歸止，曷又懷止？
> 葛屨五兩，冠緌雙止。魯道有蕩，齊子庸止。既曰庸止，曷又從止？
> 蓺麻如之何？衡從其畝。取妻如之何？必告父母。既曰告止，曷又
> 鞠止？
> 析薪如之何？匪斧不克。取妻如之何？匪媒不得。既曰得止，曷又
> 極止？

《詩序》：「〈南山〉，刺襄公也。鳥獸之行，淫乎其妹。大夫遇是惡，作詩而去
之。」此詩刺襄公淫妹之事，各章首二句皆興，首章以南山、雄狐起興，興襄
公淫妹其行有如鳥獸之無別；次章以葛屨、冠緌各自成雙喻男女成雙應當有別，
興襄公、文姜不得無別；三章以種麻須先縱橫耕田畝，興娶妻必先告訴父母；
四章以沒有斧頭不能劈柴，興娶妻無媒妁之言不可，為詞義多異之格。

### （五）各章詞義異同兼具之興

> 一篇各類之興，詞句及意義有同亦有異者，皆即各章異同兼具之興。

---

〔註48〕薪最重，楚次之，蒲為最輕，重量依次遞減。
〔註49〕《詩序》：「〈揚之水〉，刺平王也。不撫其民，而遠屯戍於母家，周人怨思焉。」
周平王於遷雒之初，因母家（申國）屢遭楚國侵凌，遂派兵遠屯於申國。因
屯兵久不得歸，故作此詩。

（《四家詩恉會歸》，冊一，頁 46）

此爲融合上述兩種興義，指一篇各類之興，詞句及意義有的相同、有的不同。

〈邶風‧綠衣〉：

綠兮衣兮，綠衣黃裏。心之憂矣，曷維其已？

綠兮衣兮，綠衣黃裳。心之憂矣，曷維其亡？

綠兮絲兮，女所治兮。我思古人，俾無訧兮。

絺兮綌兮，淒其以風。我思古人，實獲我心。

《詩序》：「〈綠衣〉，衛莊姜傷己也，妾上僭，夫人失位，而作是詩也。」四
章首二句皆用興體，古代黃爲正色，綠爲賤色，故首章言衣服外面是賤色、
裡面是正色表示上下顛倒、表裏易位之興義，興妾僭嫡妃之位之正意；二章首
二句詞義、體格大同於首章。三章以綠絲爲君所致，興妾上僭爲君王所致，
非夫人本意；四章以葛布在冬天時被棄置一旁，暗喻自己被冷落一邊，興夫
人失位被廢之正意。三、四兩章與上二章詞義、體格相同，於一詩中興之詞
句與意義有同亦有異。

## 七、以興境之遠近言之

### （一）即事之興

以所託之物事境象，與所詠之事義切近，象義與正意亦相近，故與

全篇詩恉相合，即即事之興。（《四家詩恉會歸》，冊一，頁 47）

指詩中所託之物事境象，與所詠之事義切近，亦即象徵的意義與詩中所欲傳
達之正意相近，爲即事之興。

〈召南‧何彼襛矣〉：

何彼襛矣？唐棣之華。曷不肅雝？王姬之車。

何彼襛矣？華如桃李。平王之孫，齊侯之子。

其釣維何？維絲伊緡。齊侯之子，平王之孫。

《詩序》言此詩爲「美王姬也。雖則王姬，亦下嫁於諸侯，車服不繫其夫，
下王后一等。猶執婦道，以成肅雝之德也。」陳子展云：「〈何彼襛矣〉，爲平
王之孫、齊侯之子新婚而作。」〔註50〕

首章以繁盛的唐棣之花，興王姬之車雍容、華貴；次章以繁盛的桃花、

---

〔註50〕陳子展：《詩經直解》，頁 66。

李花，興平王之孫、齊侯之子同爲貴族，華麗相配；末章再以雙股絲繩之釣具，興下嫁齊侯之子者爲平王之孫，此爲託事之類。

## （二）離事之興

> 以所託之物事境象，與所詠之事義相遠，象義與正意亦相遠，故與
> 全篇詩恉亦遠而合，即離事之興。（《四家詩恉會歸》，冊一，頁47）

與上述「即事之興」相反，指所託之物事境象，與所詠之事義相遠，象徵之義與詩中正意亦相遠，看似雖不相關，與全篇詩恉卻是遠而合。

〈衛風·有狐〉：

> 有狐綏綏，在彼淇梁。心之憂矣，之子無裳。
> 有狐綏綏，在彼淇厲。心之憂矣，之子無帶。
> 有狐綏綏，在彼淇側。心之憂矣，之子無服。

詩中以狐有匹偶同行，舒緩徐行的走在淇水的橋上、河灘、岸邊，以興衛之人民無配偶共處，〔註51〕所託之物與正意相遠，與男女失時、不能繁育人民之詩恉亦在若即若離之間，言近而旨遠也。

## （三）即時之興

> 以所託之物事境象，與所詠事之「時義」切近，而與全篇詩恉切合，
> 即即時之興。（《四家詩恉會歸》，冊一，頁48）

指詩中所託之物事境象，與所詠事之「時義」切近，並由此「時義」帶出全篇詩恉，此爲即時之興。

〈鄭風·風雨〉：

> 風雨淒淒，雞鳴喈喈。既見君子，云胡不夷？
> 風雨瀟瀟，雞鳴膠膠。既見君子，云胡不瘳？
> 風雨如晦，雞鳴不已。既見君子，云胡不喜？

詩中以風雨雖淒淒、瀟瀟、如晦，但雞鳴卻仍不止，興「亂世則思君子不改其度焉。」，〔註52〕雖身處時世混亂、衰微之時，君子仍不改其度。陳奐亦云：「風雨，興亂世也，云雞猶守時而鳴喈喈然，雞鳴，興君子不改其度也。」，〔註53〕象義與正意皆主「昏亂」之時，並與詩恉合，爲即時之興。

---

〔註51〕《詩序》：「〈有狐〉，刺時也。衛之男女失時，喪其妃耦焉。古者國有凶荒，則殺禮而多昏，會男女之無夫家者。所以育人民也。」
〔註52〕《詩序》：「〈風雨〉，思君子也。亂世則思君子不改其度焉。」
〔註53〕陳奐：《詩毛氏傳疏》，頁229。

### （四）離時之興

> 所託之物事境象，與所詠事皆無「時義」，詩恉亦無「時義」，即離
> 時之興。(《四家詩恉會歸》，冊一，頁 48)

恰與「即時之興」相反，其所託之物事境象、所詠之事甚或詩恉，均無「時
義」，即離時之興。

〈召南・鵲巢〉：

> 維鵲有巢，維鳩居之。之子于歸，百兩御之。
>
> 維鵲有巢，維鳩方之。之子于歸，百兩將之。
>
> 維鵲有巢，維鳩盈之。之子于歸，百兩成之。

詩中以鵲有巢而鳲鳩 [註54] 居之，興國君夫人來嫁，「君有國而夫人居有」，
[註55] 詩恉爲「國君積行累功，以致爵位，夫人起家而居有之，德如鳲鳩，
乃可以配焉。」，所詠之事、之恉，皆與「時義」無關。

## 八、以興相之虛實言之

### （一）託物之興

> 凡天文、地理、諸相，及動物之鳥獸蟲魚，植物之草木穀蔬，營造
> 之宮室器用，日用之服飾飲食，皆屬物類。託一物或多物，實有之
> 動靜性象，以爲興者，即託物之興。(《四家詩恉會歸》，冊一，頁
> 49)

指用「物」來起興（凡天文、地理，及動、植物，營造之宮室器用，日用之
服飾飲食等，皆屬物類。）詩中託眞實存在於世上之物（一物或多物）以爲
興者。

〈陳風・月出〉：

> 月出皎兮，佼人僚兮。舒窈糾兮，勞心悄兮！
>
> 月出皓兮，佼人懰兮。舒憂受兮，勞心慅兮！
>
> 月出照兮，佼人燎兮。舒夭紹兮，勞心慘兮！

《詩序》：「〈月出〉，刺好色也。在位不好德，而說美色焉。」詩人以月之皎

---

[註54] 鳲鳩，俗稱布穀鳥，不營巢孵蛋，而將蛋產於灰喜鵲、伯勞等鳥的巢中，由
其他鳥代孵代育。參考高明乾、佟玉華、劉坤：《詩經動物釋詁》（北京：中
華書局，2005 年 1 月），頁 161。

[註55] 王禮卿：《四家詩恉會歸》，冊一，頁 224。

兮、皓兮、照兮，興女子之俊俏、白皙模樣，以月興容，爲託物之興也。呂
祖謙云：「蓋說色如此，喪其志矣，未有能好德者也。」〔註56〕

## （二）託事之興

> 凡人物所爲之事，及所遇所致之事，皆屬事類。託一事或多事，實有
> 之事義，以爲興者，即託事之興。（《四家詩恉會歸》，冊一，頁49）

以事起興，藉託眞實存在於世上之事義（一事或多事）以爲興者。

〈陳風·東門之池〉：

> 東門之池，可以漚麻。彼美淑姬，可與晤歌。
> 東門之池，可以漚紵。彼美淑姬，可與晤語。
> 東門之池，可以漚菅。彼美淑姬，可與晤言。

東門爲陳都之城門，陳奐：「城下溝無水稱隍，有水稱池。」〔註57〕此指城門
外的護城河，其池水可浸泡麻、紵、菅，爲常見之農事，詩中以池水漚麻使
其柔韌可用，興賢德之女可規正君子，爲託事之興。

呂祖謙云：

> 蘇氏曰：陳君荒淫無度不可告語，故其君子思得淑女以化之於内，
> 婦人之於君子，日夜處而無間，庶可以漸革其暴，如池之漚麻，漸
> 漬而不自知也。〔註58〕

因爲可由賢女來對君子夙夜警戒，以成其德，故以池水漚麻、紵、菅來起興，
恰與詩恉「〈東門之池〉，刺時也。疾其君子淫昏，而思賢女以配君子也。」合。

## （三）託象之興

> 凡天地人物及其所爲之事，所現動靜之性象，皆屬象類。託一象或
> 多象，實有之象義，而其象義簡約者，以之爲興，即託象之興。（《四
> 家詩恉會歸》，冊一，頁50）

以象起興，託眞實存在於世上之象義（一象或多象），而其象義簡約者爲興，
即託象之興。

〈衛風·淇奧〉：

> 瞻彼淇奧，綠竹猗猗。有匪君子，如切如磋，如琢如磨。瑟兮僩兮，

---

〔註56〕呂祖謙：《呂氏家塾讀詩記》，頁236。
〔註57〕陳奐：《詩毛氏傳疏》，頁328。
〔註58〕呂祖謙：《呂氏家塾讀詩記》，頁232。

赫兮咺兮。有匪君子，終不可諼兮。

瞻彼淇奧，綠竹青青。有匪君子，充耳琇瑩，會弁如星。瑟兮僩兮，
赫兮咺兮。有匪君子，終不可諼兮。

瞻彼淇奧，綠竹如簀。有匪君子，如金如錫，如圭如璧。寬兮綽兮，
猗重較兮。善戲謔兮，不為虐兮。

《詩序》以為此詩為「美武公之德也。」三章首二句皆為興體，首章以綠竹搖曳之狀，興綠竹始生之美；次章以綠竹青翠欲滴，興漸長之盛狀；末章以綠竹重密，興其長成之茂盛，以此三象進興武公之德亦如綠竹之生長愈盛，為託象之興。

### （四）託境之興

凡天地人物及其所為之事，所成動靜之境，皆屬境類。託一境或多境，實有之境義，而其境義周詳者，以之為興，即託境之興。（《四家詩恉會歸》，冊一，頁 50）

以境起興，託真實存在於世上之境義（一境或多境），而其境義周詳者為興，即託境之興。

〈曹風‧下泉〉：

洌彼下泉，浸彼苞稂。愾我寤歎，念彼周京。

洌彼下泉，浸彼苞蕭。愾我寤歎，念彼京周。

洌彼下泉，浸彼苞蓍。愾我寤歎，念彼周師。

芃芃黍苗，陰雨膏之。四國有王，郇伯勞之。

首章首二句言奔流直下的寒冷山泉，浸爛了叢生的稂，〔註59〕則稂病於水，以此興施行苛政，人民則病於政，〔註60〕此為地理所成之靜境，為託境之興者。

### （五）託義之興

不取目觸之實象以成興義，先以其象託寄一義；再取所託寄義之象，別成一興義；以之興詩之正意。而所取寄義之象，或分合、或重疊，要歸於別成之興義，以明詩恉。即託義之興。（《四家詩恉會歸》，冊一，頁 50）

〔註59〕《毛傳》云：「稂，童粱，非溉草，得水而病也。」鄭玄：《毛詩鄭箋》，頁 59。

〔註60〕《詩序》：「〈下泉〉，思伯也。曹人疾共公侵刻，下民不得其所，憂而思明王賢伯也。」

指不取眼睛看的到之實象以成興義，先以其象寄託一個意義；再取寄託此義之象，另外成一興義，並以之興詩之正意。

〈小雅・鴛鴦〉：

> 鴛鴦于飛，畢之羅之。君子萬年，福祿宜之。
> 鴛鴦在梁，戢其左翼。君子萬年，宜其遐福。
> 乘馬在廄，摧之秣之。君子萬年，福祿艾之。
> 乘馬在廄，秣之摧之。君子萬年，福祿綏之。

《詩序》云：「〈鴛鴦〉，刺幽王也。思古明王，交於萬物有道，自奉養有節焉。」詩人作此詩以刺幽王不能交於萬物有道，「順其性，取之以時，不暴夭也。」〔註61〕首章以羅之鴛鴦興萬物「張」之義；次章以鴛鴦在魚梁上休息，興萬物「弛」之意，以此二者刺幽王不能順萬物物性之張弛，使其取用之不竭之正意。末二章以馬匹不用則以草餵之，用則以穀物餵之，興惜萬物之用之義，再以此興「自奉養有節焉」之正意。此爲託義之興者。

## （六）設象之興

> 所寫之事象，爲天人物本性所不具，乃以實際所無之象義，設爲眞
> 有之變象，即設象之興。（《四家詩恉會歸》，冊一，頁51）

其所寫之事象，不存在於世上，以此實際所無之象義，來起興。

〈唐風・采苓〉：

> 采苓采苓，首陽之巔。人之爲言，苟亦無信。舍旃舍旃，苟亦無然。
> 人之爲言，胡得焉？
> 采苦采苦，首陽之下。人之爲言，苟亦無與。舍旃舍旃，苟亦無然。
> 人之爲言，胡得焉？
> 采葑采葑，首陽之東。人之爲言，苟亦無從。舍旃舍旃，苟亦無然。
> 人之爲言，胡得焉？

〈邶風・簡兮〉云「隰有苓」，〔註62〕鄭箋曰：「大濕曰隰」，〔註63〕故可知苓是生長在潮濕的低地；苦，即今之苦菜，多生長在河谷；〔註64〕葑，今名蕪菁，多生於圃。以上三種植物均不生於山，詩人以實無假有之虛象，興讒言

---

〔註61〕鄭玄：《毛詩鄭箋》，頁105。
〔註62〕鄭玄：《毛詩鄭箋》，頁17。
〔註63〕鄭玄：《毛詩鄭箋》，頁17。
〔註64〕潘富俊著，呂勝由攝影：《詩經植物圖鑑》，頁71。

僞而若眞之正意，以刺晉獻公「好聽讒焉」。〔註65〕

## （七）設境之興

> 所寫之事境，爲天人物本性所不具，即具者亦出於搆輯之涉想，而
> 以虛存之境義，擬爲實在之化境。即設境之興。（《四家詩恉會歸》，
> 冊一，頁51）

同「設象之興」，其所寫之事境，不存在於世上，以此虛存之境義來起興。

〈豳風·鴟鴞〉：

> 鴟鴞鴟鴞，既取我子，無毀我室！恩斯勤斯，鬻子之閔斯！
> 迨天之未陰雨，徹彼桑土，綢繆牖戶。今女下民，或敢侮予！
> 予手拮据，予所捋荼，予所蓄租，予口卒瘏，曰予未有室家。
> 予羽譙譙，予尾翛翛，予室翹翹，風雨所漂搖。予維音嘵嘵。

詩中周公以母鳥自喻，首章以鴟鴞喻武庚、徐夷、淮夷等外族，以鳥子喻管叔、蔡叔，鬻子喻成王，總興叛亂之起，表達出憂國之心；次章以趁天未陰雨前，先未雨綢繆，取桑土根固鳥巢，興先公防患以建國之辛勞；三章以捋荼、蓄租至手口勞苦，再興先公及自己建國之勤苦；末章以母鳥羽枯尾殘、憔悴之模樣，興己盡力拯救之狀。

從頭到尾寫母鳥，實爲周公自表忠貞，《詩序》云：「〈鴟鴞〉，周公救亂也。成王未知周公之志，公乃爲詩以遺王，名之曰〈鴟鴞〉焉。」旨在暗喻現實，藉此以明心跡。而鳥本不能言語，以此設爲能言，乃寫動物之設境也。

## 九、305篇興義分類表格

據王禮卿先生統計，《詩經》中具有興義之篇章「計國風七十篇，實爲八十六篇；小雅四十篇，實爲四十四篇；大雅五篇，實爲六篇；三頌一篇，實爲三篇。所言興者共一百一十六，實具興義者共一百三十九篇，居全經三分之一強。」〔註66〕

然經筆者之重新統計後如下：

《毛傳》：計國風72篇，小雅38篇，大雅4篇，三頌1篇。

王禮卿先生：國風97篇，〔註67〕小雅49篇，大雅8篇，三頌5篇。

---

〔註65〕《詩序》：「〈采苓〉，刺晉獻公也。獻公好聽讒焉。」
〔註66〕王禮卿：《四家詩恉會歸》，冊一，頁40。
〔註67〕〈齊風·敝笱〉《毛傳》以爲興，王教授不列爲興，而云：「辭雖爲賦，意之

可知毛、王二氏在興義數量上相差頗大，原因乃爲王禮卿先生將興義分類的更爲詳細（共爲 8 大類，下分 33 小類），某些筆法《毛傳》不以爲興，但以王先生之分類，乃可納入，此爲二者最大不同處。

以下爲 305 篇分類表格：

| （一）以興義之單複言之 | | |
|---|---|---|
| 1.兼比之興 | 周南 | 關雎、葛覃、樛木、桃夭、芣苢、漢廣、汝墳、麟之趾 |
| | 召南 | 鵲巢、草蟲、行露、摽有梅、小星、江有汜、何彼襛矣 |
| | 邶風 | 柏舟、綠衣、燕燕、終風、凱風、雄雉、匏有苦葉、谷風、旄丘、簡兮、泉水、北門、北風 |
| | 鄘風 | 柏舟、牆有茨、桑中、鶉之奔奔、蝃蝀、相鼠 |
| | 衛風 | 淇奧、氓、竹竿、芄蘭、伯兮、有狐 |
| | 王風 | 揚之水、中谷有蓷 |
| | 鄭風 | 蘀兮、風雨、揚之水、野有蔓草 |
| | 齊風 | 東方之日、東方未明、南山、甫田 |
| | 魏風 | 園有桃、伐檀 |
| | 唐風 | 山有樞、揚之水、椒聊、綢繆、杕杜、鴇羽、有杕之杜、葛生 |
| | 秦風 | 蒹葭、終南、黃鳥、晨風、無衣 |
| | 陳風 | 東門之池、墓門、月出、澤陂 |
| | 檜風 | 隰有萇楚、匪風 |
| | 曹風 | 蜉蝣、候人、鳲鳩、下泉 |
| | 豳風 | 鴟鴞、破斧、伐柯、九罭、狼跋 |
| | 小雅 | 鹿鳴、皇皇者華、常棣、伐木、采薇、出車、杕杜、南有嘉魚、南山有臺、蓼蕭、湛露、菁菁者莪、采芑、鴻鴈、鶴鳴、黃鳥、我行其野、斯干、節南山、正月、小宛、小弁、巧言、巷伯、谷風、蓼莪、大東、四月、北山、無將大車、瞻彼洛矣、裳裳者華、桑扈、頍弁、車舝、青蠅、魚藻、采菽、角弓、菀柳、黍苗、隰桑、白華、緜蠻、苕之華 |
| | 大雅 | 緜、棫樸、旱麓、鳧鷖、泂酌、卷阿、桑柔、召旻 |
| | 周頌 | 振鷺 |
| | 魯頌 | 有駜、泮水 |
| | 商頌 | 長發 |

深婉則類興。」

| | 周南 | 卷耳、螽斯、漢廣 |
|---|---|---|
| | 召南 | 殷其靁、野有死麕、何彼襛矣 |
| | 邶風 | 旄丘、新臺 |
| | 衛風 | 氓 |
| | 王風 | 黍離、兔爰、葛藟 |
| | 鄭風 | 山有扶蘇、東門之墠 |
| 2.不兼比之興 | 齊風 | 南山 |
| | 唐風 | 綢繆、羔裘、采苓 |
| | 秦風 | 車鄰、晨風 |
| | 陳風 | 衡門、東門之楊、防有鵲巢 |
| | 小雅 | 沔水、小弁、何人斯、大東、四月、鴛鴦、采綠、苕之華 |
| | 大雅 | 旱露 |
| | 魯頌 | 泮水 |
| （二）以興意之曲直言之 | | |
| | 周南 | 關雎、葛覃、卷耳、樛木、螽斯、桃夭、芣苢、漢廣、汝墳、麟之趾 |
| | 召南 | 鵲巢、草蟲、行露、殷其靁、摽有梅、小星、江有汜、野有死麕、何彼襛矣 |
| | 邶風 | 柏舟、綠衣、燕燕、終風、凱風、雄雉、匏有苦葉、谷風、旄丘、簡兮、北門、北風、新臺 |
| | 鄘風 | 柏舟、牆有茨、桑中、鶉之奔奔、蝃蝀 |
| | 衛風 | 淇奧、氓、竹竿、芄蘭、伯兮 |
| | 王風 | 黍離、中谷有蓷、兔爰 |
| 1.正興 | 齊風 | 東方之日、甫田 |
| | 魏風 | 伐檀 |
| | 唐風 | 山有樞、椒聊、綢繆、杕杜、羔裘、鴇羽、有杕之杜、葛生、采苓 |
| | 秦風 | 車鄰、終南、黃鳥、晨風、無衣 |
| | 陳風 | 衡門、東門之池、墓門、月出、澤陂 |
| | 檜風 | 隰有萇楚、匪風 |
| | 曹風 | 蜉蝣、鳲鳩、下泉 |
| | 豳風 | 鴟鴞、破斧、伐柯、九罭、狼跋 |

| | 小雅 | 鹿鳴、皇皇者華、常棣、伐木、采薇、出車、南有嘉魚、南山有臺、蓼蕭、湛露、菁菁者莪、采芑、鴻鴈、沔水、鶴鳴、黃鳥、我行其野、斯干、節南山、正月、小宛、小弁、巧言、何人斯、巷伯、谷風、蓼莪、大東、四月、北山、無將大車、瞻彼洛矣、裳裳者華、桑扈、鴛鴦、頍弁、車舝、青蠅、魚藻、采菽、角弓、菀柳、采綠、黍苗、隰桑、白華、緜蠻、苕之華 |
|---|---|---|
| | 大雅 | 緜、棫樸、旱麓、鳧鷖、泂酌、卷阿、桑柔、召旻 |
| | 周頌 | 振鷺 |
| | 魯頌 | 有駜、泮水 |
| | 商頌 | 長發 |
| 2.反興 | 邶風 | 凱風、泉水 |
| | 鄘風 | 相鼠 |
| | 衛風 | 氓、有狐 |
| | 王風 | 揚之水、葛藟〉 |
| | 鄭風 | 山有扶蘇、褰兮 |
| | 齊風 | 東方之日、甫田 |
| | 魏風 | 園有桃、伐檀 |
| | 唐風 | 揚之水、綢繆 |
| | 陳風 | 東門之楊、墓門、防有鵲巢 |
| | 檜風 | 隰有萇楚 |
| | 曹風 | 候人 |
| | 小雅 | 杕杜、沔水、節南山、小弁、四月、頍弁、菀柳、白華 |
| | 大雅 | 緜、桑柔 |
| 3.正反相兼之興 | 邶風 | 新臺 |
| （三）以興義之隱顯言之 | | |
| 1.竝綴正意之興 | 周南 | 關雎 |
| | 召南 | 行露、何彼襛矣 |
| | 王風 | 揚之水、中谷有蓷、兔爰、葛藟 |
| | 鄭風 | 褰兮 |
| | 齊風 | 東方未明、南山、甫田 |
| | 唐風 | 山有樞、椒聊、杕杜、羔裘 |
| | 秦風 | 終南 |
| | 陳風 | 墓門、防有鵲巢 |

| | 檜風 | 匪風 |
|---|---|---|
| | 曹風 | 蜉蝣、候人、鳲鳩、下泉 |
| | 豳風 | 伐柯、狼跋 |
| | 小雅 | 常棣、伐木、采薇、沔水、黃鳥、節南山、正月、小宛、小弁、巧言、何人斯、大東、四月、瞻彼洛矣、車舝、采菽、菀柳、白華 |
| | 大雅 | 旱露、鳧鷖、卷阿、桑柔、召旻 |
| | 周頌 | 振鷺 |
| | 商頌 | 長發 |
| 2.不綴正意之興 | 周南 | 樛木、螽斯、桃夭、汝墳 |
| | 召南 | 小星 |
| | 邶風 | 柏舟 |
| | 鄘風 | 牆有茨、蝃蝀 |
| | 衛風 | 淇奧、竹竿、芄蘭 |
| | 鄭風 | 野有蔓草 |
| | 齊風 | 東方之日、南山、甫田 |
| | 魏風 | 園有桃 |
| | 唐風 | 揚之水、綢繆、鴇羽有杕之杜、葛生、采苓 |
| | 秦風 | 車鄰、黃鳥、晨風、無衣 |
| | 陳風 | 衡門、東門之池、東門之楊、月出、澤陂 |
| | 檜風 | 隰有萇楚 |
| | 曹風 | 下泉 |
| | 豳風 | 破斧、伐柯、九罭 |
| | 小雅 | 鹿鳴、皇皇者華、常棣、伐木、杕杜、南有嘉魚、南山有臺、蓼蕭、湛露、菁菁者莪、采芑、鴻鴈、我行其野、節南山、正月、小宛、小弁、巷伯、谷風、蓼莪、裳裳者華、桑扈、鴛鴦、頍弁、車舝、青蠅、魚藻、采菽、角弓、采綠、黍苗、隰桑、苕之華 |
| | 大雅 | 緜、泂酌、卷阿、桑柔 |
| | 魯頌 | 有駜、泮水 |
| （四）以興體之廣狹言之 | | |
| 1.全篇之興 | 周南 | 卷耳、芣苢 |
| | 秦風 | 蒹葭 |
| | 陳風 | 衡門 |
| | 豳風 | 鴟鴞 |

| | 周南 | 葛覃、漢廣 |
|---|---|---|
| 2.全章之興 | 召南 | 行露 |
| | 邶風 | 匏有苦葉 |
| | 鄭風 | 東門之墠 |
| | 齊風 | 甫田 |
| | 小雅 | 節南山、正月、四月 |
| 3.上下皆興 | 唐風 | 椒聊 |
| 4.數句之興 | 周南 | 漢廣 |
| | 小雅 | 伐木 |
| 5.兩句之興 | 召南 | 摽有梅 |
| | 邶風 | 終風 |
| | 唐風 | 山有樞、杕杜 |
| | 陳風 | 東門之池 |
| | 豳風 | 九罭 |
| 6.單句之興 | 周南 | 麟之趾 |
| | 邶風 | 終風、北門 |
| | 衛風 | 芄蘭 |
| | 唐風 | 羔裘 |
| | 曹風 | 蜉蝣 |
| | 豳風 | 九罭 |
| | 小雅 | 常棣、伐木 |
| （五）以興格之繁簡言之 | | |
| 1.以一興興再興 | 周南 | 卷耳 |
| | 秦風 | 蒹葭 |
| 2.以顯興興隱興 | 王風 | 黍離 |
| | 秦風 | 蒹葭 |
| | 周頌 | 振鷺 |
| 3.具象略義之興<br>（象義隱顯各半） | 周南 | 關雎、螽斯、漢廣 |
| | 召南 | 鵲巢、草蟲 |
| | 邶風 | 綠衣、谷風、簡兮、北風、新臺 |
| | 鄘風 | 牆有茨、鶉之奔奔 |
| | 衛風 | 氓、竹竿 |

| | 唐風 | 山有樞、杕杜 |
|---|---|---|
| | 秦風 | 車鄰、終南、黃鳥 |
| | 曹風 | 蜉蝣、候人、鳲鳩、下泉 |
| | 豳風 | 破斧、伐柯、九罭、狼跋 |
| | 小雅 | 鹿鳴、南有嘉魚、南山有臺、湛露、采芑、鴻鴈、鶴鳴、黃鳥、節南山、正月、小宛、小弁、巷伯、谷風、蓼莪、大東、頍弁、青蠅、魚藻、采菽、角弓、隰桑、白華、苕之華 |
| | 大雅 | 旱露 |
| | 周頌 | 振鷺 |
| | 魯頌 | 有駜 |
| 4.象義竝具之興<br>（詩象與義同時竝<br>存，即象現義，可說<br>是「象義雙顯」） | 周南 | 葛覃、樛木、桃夭、芣苢、汝墳 |
| | 召南 | 行露、摽有梅、小星、江有汜 |
| | 邶風 | 柏舟、燕燕、終風、凱風、雄雉、旄丘、泉水、北門 |
| | 鄘風 | 柏舟、桑中、蝃蝀、相鼠 |
| | 衛風 | 伯兮、有狐 |
| | 王風 | 揚之水、中谷有蓷 |
| | 唐風 | 椒聊 |
| | 秦風 | 晨風 |
| | 陳風 | 墓門、月出、澤陂 |
| | 豳風 | 伐柯 |
| | 小雅 | 南有嘉魚、蓼蕭、湛露、采芑、沔水、鶴鳴、我行其野、斯干、正月、小宛、小弁、巧言、巷伯、谷風、大東、四月、北山、瞻彼洛矣、裳裳者華、桑扈、車舝、采菽、角弓、菀柳、白華、緜蠻、苕之華 |
| | 大雅 | 緜、棫樸、旱露、鳧鷖、泂酌、卷阿、桑柔、召旻 |
| | 魯頌 | 有駜、泮水 |
| | 商頌 | 長發 |
| （六）以興型之異同言之 | | |
| 1.各章所託類同之興 | 邶風 | 燕燕、終風 |
| 2.各章所託類異之興 | 召南 | 草蟲 |
| | 齊風 | 南山 |
| 3.各章詞義大同之興 | 王風 | 揚之水 |
| | 小雅 | 無將大車、瞻彼洛矣 |

| 4.各章詞義相異之興 | 齊風 | 南山 |
| | 小雅 | 車舝、角弓 |
| 5.各章詞義異同兼具之興 | 邶風 | 綠衣 |
| | 齊風 | 甫田 |
| （七）以興境之遠近言之 | | |
| 1.即事之興 | 周南 | 芣苢 |
| | 召南 | 何彼襛矣 |
| | 邶風 | 北風 |
| | 魏風 | 伐檀 |
| | 唐風 | 羔裘 |
| | 秦風 | 無衣 |
| | 小雅 | 采菽、采綠 |
| 2.離事之興 | 衛風 | 有狐 |
| | 小雅 | 鶴鳴 |
| 3.即時之興 | 召南 | 小星 |
| | 邶風 | 終風 |
| | 鄭風 | 風雨 |
| 4.離時之興 | 周南 | 關雎 |
| | 召南 | 鵲巢 |
| | 小雅 | 鹿鳴、南有嘉魚 |
| （八）以興相之虛實言之 | | |
| 1.託物之興 | 周南 | 葛覃、樛木、螽斯、桃夭、漢廣、汝墳、麟之趾 |
| | 召南 | 鵲巢、草蟲、行露、摽有梅、小星、江有汜、野有死麕、何彼襛矣 |
| | 邶風 | 柏舟、燕燕、終風、凱風、雄雉、匏有苦葉、谷風、旄丘、簡兮、泉水、北門、北風 |
| | 鄘風 | 柏舟、鶉之奔奔、蝃蝀、相鼠 |
| | 衛風 | 氓、竹竿、芄蘭、有狐 |
| | 王風 | 揚之水、中谷有蓷 |
| | 鄭風 | 山有扶蘇、風雨、野有蔓草 |
| | 魏風 | 園有桃 |
| | 唐風 | 山有樞、揚之水、椒聊、杕杜、羔裘、葛生 |
| | 秦風 | 終南、黃鳥、晨風 |
| | 陳風 | 東門之楊、墓門、防有鵲巢、月出、澤陂 |
| | 檜風 | 隰有萇楚、匪風 |

| | 曹風 | 蜉蝣、鳲鳩、下泉 |
|---|---|---|
| | 豳風 | 破斧、伐柯、狼跋 |
| | 小雅 | 鹿鳴、皇皇者華、常棣、伐木、采薇、出車、杕杜、南有嘉魚、南山有臺、蓼蕭、湛露、菁菁者莪、采芑、鴻鴈、沔水、鶴鳴、斯干、節南山、正月、小宛、小弁、巷伯、谷風、蓼莪、大東、四月、瞻彼洛矣、裳裳者華、桑扈、頍弁、車舝、青蠅、魚藻、采菽、角弓、菀柳、黍苗、隰桑、白華、緜蠻、苕之華 |
| | 大雅 | 緜、棫樸、旱露、鳧鷖、泂酌、卷阿、桑柔、召旻 |
| | 周頌 | 振鷺 |
| | 魯頌 | 有駜、泮水 |
| | 商頌 | 長發 |
| 2.託事之興 | 周南 | 卷耳、芣苢、漢廣 |
| | 召南 | 草蟲、行露、何彼襛矣 |
| | 邶風 | 綠衣、匏有苦葉、谷風 |
| | 鄘風 | 牆有茨、桑中 |
| | 衛風 | 竹竿 |
| | 王風 | 黍離、采葛 |
| | 齊風 | 甫田 |
| | 魏風 | 伐檀 |
| | 唐風 | 綢繆 |
| | 秦風 | 蒹葭、無衣 |
| | 陳風 | 衡門、東門之池、墓門 |
| | 小雅 | 我行其野、正月、小宛、小弁、巧言、何人斯、巷伯、四月、北山、無將大車、車舝、采菽、白華 |
| | 大雅 | 旱露、桑柔 |
| 3.託象之興 | 邶風 | 凱風、北門、新臺 |
| | 衛風 | 淇奧、氓、伯兮 |
| | 王風 | 兔爰、葛藟、采葛 |
| | 唐風 | 綢繆、鴇羽、有杕之杜 |
| | 秦風 | 晨風 |
| | 陳風 | 東門之池 |
| | 曹風 | 蜉蝣、候人 |
| | 小雅 | 巷伯、節南山 |
| | 小雅 | 白華 |
| | 大雅 | 旱露、卷阿、桑柔 |

| | 風 | 篇章 |
|---|---|---|
| 4.託境之興 | 周南 | 茉苢 |
| | 邶風 | 匏有苦葉 |
| | 陳風 | 墓門 |
| | 曹風 | 候人、下泉 |
| | 豳風 | 狼跋 |
| | 小雅 | 常棣、南有嘉魚、湛露、谷風、沔水 |
| 5.託義之興 | 小雅 | 鴛鴦 |
| 6.設象之興 | 鄭風 | 東門之墠 |
| | 魏風 | 伐檀 |
| | 唐風 | 鴇羽、采苓 |
| | 秦風 | 車鄰 |
| | 豳風 | 鴟鴞 |
| | 小雅 | 正月、小宛、大東、鴛鴦、采綠、白華、苕之華 |
| 7.設境之興 | 鄭風 | 揚之水 |
| | 唐風 | 采苓 |
| | 秦風 | 蒹葭 |
| | 豳風 | 鴟鴞、九罭 |
| | 小雅 | 黃鳥、節南山、小宛、大東、四月 |
| | 大雅 | 緜 |
| | 魯頌 | 泮水 |

表格來源：筆者整理

※篇名加陰影者→毛公標興體之篇章。

※篇目下之數字所代表之意：

如：周南 10/11→表周南共 11 篇，具興義者共 10 篇。

| | 以興義之單複言之 | | 以興意之曲直言之 | | 以興義之隱顯言之 | | | 以興體之廣狹言之 | | | | | | | 以興格之繁簡言之 | | | | 以興型之異同言之 | | | | | 以興境之遠近言之 | | | | 以興相之虛實言之 | | | | | | |
|---|---|---|---|---|---|---|---|---|---|---|---|---|---|---|---|---|---|---|---|---|---|---|---|---|---|---|---|---|---|---|---|---|---|---|
| | 兼比之興 | 不兼比之興 | 正興 | 反興 | 正反相兼之興 | 竝綴正意之興 | 不綴正意之興 | 全篇之興 | 全章之興 | 上下皆興 | 數句之興 | 兩句之興 | 單句之興 | 以一興再興 | 以顯興隱之興 | 具象興興之興 | 象義略具之興 | 象義竝具之興 | 各章所託類同之興 | 各章所託異同之興 | 各章詞義大同之興 | 各章詞義相異之興 | 各章詞義異同兼具之興 | 即事之興 | 離事之興 | 即時之興 | 離時之興 | 託物之興 | 託事之興 | 託象之興 | 託境之興 | 託義之興 | 設象之興 | 設境之興 |
| 周南 10/11 | | | | | | | | | | | | | | | | | | | | | | | | | | | | | | | | | | |

| 篇名 | 1 | 2 | 3 | 4 | 5 | 6 | 7 | 8 | 9 | 10 | 11 | 12 | 13 | 14 | 15 | 16 | 17 | 18 | 19 | 20 | 21 | 22 | 23 |
|---|---|---|---|---|---|---|---|---|---|---|---|---|---|---|---|---|---|---|---|---|---|---|---|
| 關雎 | √ |  | √ |  |  | √ |  |  |  |  |  |  |  |  | √ |  |  |  |  |  | √ | √ |  |
| 葛覃 | √ |  | √ |  |  |  |  |  | √ |  |  |  |  |  |  | √ |  |  |  |  | √ |  |  |
| 卷耳 |  | √ | √ |  |  |  |  | √ |  |  |  |  |  | √ |  |  |  |  |  |  |  | √ |  |
| 樛木 | √ |  | √ |  |  |  | √ |  |  |  |  |  |  |  |  | √ |  |  |  |  | √ |  |  |
| 螽斯 |  | √ | √ |  |  |  | √ |  |  |  |  |  |  |  | √ |  |  |  |  |  | √ |  |  |
| 桃夭 | √ |  | √ |  |  |  | √ |  |  |  |  |  |  |  |  | √ |  |  |  |  | √ |  |  |
| 芣苢 | √ |  | √ |  |  |  |  | √ |  |  |  |  |  |  |  | √ |  |  | √ |  |  | √ | √ |
| 漢廣 | √ | √ | √ |  |  |  |  |  | √ |  | √ |  |  |  | √ |  |  |  |  |  | √ | √ |  |
| 汝墳 | √ |  | √ |  |  |  | √ |  |  |  |  |  |  |  |  | √ |  |  |  |  | √ |  |  |
| 麟之趾 | √ |  | √ |  |  |  |  |  |  |  |  |  | √ |  |  |  |  |  |  |  | √ |  |  |
| 召南 9/14 |  |  |  |  |  |  |  |  |  |  |  |  |  |  |  |  |  |  |  |  |  |  |  |
| 鵲巢 | √ |  | √ |  |  |  |  |  |  |  |  |  |  |  | √ |  |  |  |  |  | √ | √ |  |
| 草蟲 | √ |  | √ |  |  |  |  |  |  |  |  |  |  |  | √ |  |  |  |  |  | √ | √ |  |
| 行露 | √ |  | √ |  |  | √ |  |  | √ |  |  |  |  |  |  | √ | √ |  |  |  | √ | √ |  |
| 殷其靁 |  | √ | √ |  |  |  |  |  |  |  |  |  |  |  |  |  |  |  |  |  |  |  |  |
| 摽有梅 | √ |  | √ |  |  |  |  |  |  |  |  | √ |  |  |  | √ |  |  |  |  | √ |  |  |
| 小星 | √ |  | √ |  |  |  | √ |  |  |  |  |  |  |  |  | √ |  |  |  | √ | √ |  |  |
| 江有汜 | √ |  | √ |  |  |  |  |  |  |  |  |  |  |  |  | √ |  |  |  |  | √ |  |  |
| 野有死麕 |  | √ | √ |  |  |  |  |  |  |  |  |  |  |  |  |  |  |  |  |  | √ |  |  |
| 何彼襛矣 | √ | √ | √ |  |  | √ |  |  |  |  |  |  |  |  |  |  |  |  | √ |  | √ | √ |  |
| 邶風 14/19 |  |  |  |  |  |  |  |  |  |  |  |  |  |  |  |  |  |  |  |  |  |  |  |
| 柏舟 | √ |  | √ |  |  |  | √ |  |  |  |  |  |  |  |  | √ |  |  |  |  | √ |  |  |
| 綠衣 | √ |  | √ |  |  |  |  |  |  |  |  |  |  |  | √ |  |  | √ |  |  | √ |  |  |
| 燕燕 | √ |  | √ |  |  |  |  |  |  |  |  |  |  |  |  | √ | √ |  |  |  | √ |  |  |
| 終風 | √ |  | √ |  |  |  |  |  |  |  |  | √ | √ |  |  | √ | √ |  |  | √ | √ |  |  |
| 凱風 | √ |  | √ | √ |  |  |  |  |  |  |  |  |  |  |  | √ |  |  |  |  | √ |  | √ |
| 雄雉 | √ |  | √ |  |  |  |  |  |  |  |  |  |  |  |  | √ |  |  |  |  | √ |  |  |
| 匏有苦葉 | √ |  | √ |  |  |  |  |  |  | √ |  |  |  |  |  | √ |  |  |  |  | √ | √ | √ |
| 谷風 | √ |  | √ |  |  |  |  |  |  |  |  |  |  |  | √ |  |  |  |  |  | √ | √ |  |
| 旄丘 | √ | √ | √ |  |  |  |  |  |  |  |  |  |  |  |  | √ |  |  |  |  | √ |  |  |
| 簡兮 | √ |  | √ |  |  |  |  |  |  |  |  |  |  |  | √ |  |  |  |  |  | √ |  |  |
| 泉水 | √ |  |  | √ |  |  |  |  |  |  |  |  |  |  |  | √ |  |  |  |  | √ |  | √ |
| 北門 | √ |  | √ |  |  |  |  |  |  |  |  |  | √ |  |  | √ |  |  |  |  | √ |  |  |
| 北風 | √ |  | √ |  |  |  |  |  |  |  |  |  |  |  | √ |  |  |  | √ |  | √ |  | √ |
| 新臺 |  | √ | √ |  | √ |  |  |  |  |  |  |  |  |  | √ |  |  |  |  |  |  |  |  |
| 鄘風 6/10 |  |  |  |  |  |  |  |  |  |  |  |  |  |  |  |  |  |  |  |  |  |  |  |

| | | | | | | | | | | | | | | | | | |
|---|---|---|---|---|---|---|---|---|---|---|---|---|---|---|---|---|---|
| 柏舟 | √ | | √ | | | | | | | √ | | | | √ | | | |
| 牆有茨 | √ | | √ | | √ | | | | | √ | | | | √ | | | |
| 桑中 | √ | | √ | | | | | | | √ | | | | √ | | | |
| 鶉之奔奔 | √ | | √ | | | | | | | √ | | | | √ | | | |
| 蝃蝀 | √ | | √ | | √ | | | | | √ | | | | √ | | | |
| 相鼠 | √ | | | √ | | | | | | √ | | | | √ | | | |
| 衛風 6/10 | | | | | | | | | | | | | | | | | |
| 淇奧 | √ | | √ | | √ | | | | | | | | | | √ | | |
| 氓 | √ | √ | √ | √ | | | | | | √ | | | | √ | √ | | |
| 竹竿 | √ | | √ | | √ | | | | | √ | | | | √ | √ | | |
| 芄蘭 | √ | | √ | | √ | | √ | | | √ | | | | | | | |
| 伯兮 | √ | | √ | | | | | | | √ | | | | | √ | | |
| 有狐 | √ | | | √ | | | | | | √ | | | √ | √ | | | |
| 王風 6/10 | | | | | | | | | | | | | | | | | |
| 黍離 | | √ | √ | | | | | | √ | | | | | √ | | | |
| 揚之水 | √ | | | √ | √ | | | | | √ | | √ | | √ | | | |
| 中谷有蓷 | √ | | √ | | √ | | | | | √ | | | | √ | | | |
| 兔爰 | | √ | √ | | √ | | | | | | | | | | √ | | |
| 葛藟 | | √ | √ | √ | √ | | | | | | | | | | √ | √ | |
| 采葛 | | | | | | | | | | | | | | | √ | | |
| 鄭風 6/32 | | | | | | | | | | | | | | | | | |
| 山有扶蘇 | | √ | | √ | | | | | | | | | | √ | | | |
| 蘀兮 | √ | | | √ | √ | | | | | | | | | | | | |
| 東門之墠 | | √ | | | | √ | | | | | | | | | | √ | |
| 風雨 | √ | | | | | | | | | | | √ | | √ | | | |
| 揚之水 | √ | | | | | | | | | | | | | | | | √ |
| 野有蔓草 | √ | | | | √ | | | | | | | | | √ | | | |
| 齊風 4/11 | | | | | | | | | | | | | | | | | |
| 東方之日 | √ | | √ | √ | | √ | | | | | | | | | | | |
| 東方未明 | √ | | | √ | | | | | | | | | | | | | |
| 南山 | √ | √ | | | √ | √ | | | | | √ | | √ | | | | |
| 甫田 | √ | | √ | √ | | √ | √ | √ | | | | √ | | | √ | | |

| 詩篇 | 1 | 2 | 3 | 4 | 5 | 6 | 7 | 8 | 9 | 10 | 11 | 12 | 13 | 14 | 15 | 16 |
|---|---|---|---|---|---|---|---|---|---|---|---|---|---|---|---|---|
| 敝笱 | 毛公標興，王教授未標，故不列入計算。 | | | | | | | | | | | | | | | |
| 魏風 2/7 | | | | | | | | | | | | | | | | |
| 園有桃 | √ | | √ | | √ | | | | | | | | √ | | | |
| 伐檀 | √ | | √ | √ | | | | | | | | √ | | √ | | √ |
| 唐風 10/12 | | | | | | | | | | | | | | | | |
| 山有樞 | √ | | √ | | √ | | | √ | | √ | | | √ | | | |
| 揚之水 | √ | | √ | | √ | | | | | | | | √ | | | |
| 椒聊 | √ | | √ | | √ | | √ | | | | √ | | √ | | | |
| 綢繆 | √ | √ | √ | √ | √ | | | | | | | | | | √ | |
| 杕杜 | √ | | | √ | √ | | | √ | | √ | | | | | | |
| 羔裘 | | √ | √ | | √ | | | | √ | | | √ | √ | | | |
| 鴇羽 | √ | | √ | | √ | | | | | | | | | √ | | √ |
| 有杕之杜 | √ | | √ | | √ | | | | | | | | | √ | | |
| 葛生 | √ | | √ | | √ | | | | | | | | √ | | | |
| 采苓 | | √ | √ | | √ | | | | | | | | | | √ | √ |
| 秦風 6/10 | | | | | | | | | | | | | | | | |
| 車鄰 | | √ | √ | | √ | | | | | √ | | | | | | √ |
| 蒹葭 | √ | | | | | √ | | | √ | √ | | | √ | | | √ |
| 終南 | √ | | √ | | √ | | | | | √ | | | √ | | | |
| 黃鳥 | √ | | √ | | √ | | | | | √ | | | | | | |
| 晨風 | √ | √ | √ | | √ | | | | | | √ | | √ | √ | | |
| 無衣 | √ | | √ | | √ | | | | | | | √ | √ | | | |
| 陳風 7/10 | | | | | | | | | | | | | | | | |
| 衡門 | | √ | √ | | √ | √ | | | | | | | √ | | | |
| 東門之池 | √ | | √ | | √ | | | √ | | | | | √ | √ | | |
| 東門之楊 | | √ | | √ | √ | | | | | | | | √ | | | |
| 墓門 | √ | | √ | √ | √ | | | | | √ | | | √ | √ | √ | |
| 防有鵲巢 | | √ | | √ | √ | | | | | | | | √ | | | |
| 月出 | √ | | √ | | √ | | | | | √ | | | √ | | | |
| 澤陂 | √ | | √ | | √ | | | | | √ | | | √ | | | |
| 檜風 2/4 | | | | | | | | | | | | | | | | |
| 隰有萇楚 | √ | | √ | √ | √ | | | | | | | | √ | | | |
| 匪風 | √ | | √ | | √ | | | | | | | | √ | | | |

| 篇名 | 1 | 2 | 3 | 4 | 5 | 6 | 7 | 8 | 9 | 10 | 11 | 12 | 13 | 14 | 15 | 16 | 17 | 18 | 19 |
|---|---|---|---|---|---|---|---|---|---|---|---|---|---|---|---|---|---|---|---|
| 曹風 4/4 | | | | | | | | | | | | | | | | | | | |
| 蜉蝣 | √ | | √ | | √ | | | √ | | √ | | | | | √ | | √ | | |
| 候人 | √ | | | √ | √ | | | | | √ | | | | | | √ | √ | | |
| 鳲鳩 | √ | | √ | | √ | | | | | √ | | | √ | | | | | | |
| 下泉 | √ | | √ | | √ | √ | | | | √ | | | √ | | √ | | | | |
| 豳風 5/7 | | | | | | √ | | | | | | | | | | | | | |
| 鴟鴞 | √ | | √ | | | | | | | | | | | | | | | √ | √ |
| 破斧 | √ | | √ | | | √ | | | | √ | | | √ | | | | | | |
| 伐柯 | √ | | √ | | √ | √ | | | | √ | √ | | √ | | | | | | |
| 九罭 | √ | | √ | | | √ | | √ | √ | √ | | | | | | | | | √ |
| 狼跋 | √ | | √ | | | √ | | | | √ | | | √ | | √ | | | | |
| 小雅 49/74 | | | | | | | | | | | | | | | | | | | |
| 鹿鳴 | √ | | √ | | | √ | | | | √ | | | | √ | √ | | | | |
| 皇皇者華 | √ | | √ | | | √ | | | | | | | √ | | | | | | |
| 常棣 | √ | | √ | | √ | √ | | | | | | | √ | | √ | | | | |
| 伐木 | √ | | √ | | √ | √ | | √ | | | | | √ | | | | | | |
| 采薇 | √ | | √ | | √ | | | | | | | | √ | | | | | | |
| 出車 | √ | | √ | | | | | | | | | | √ | | | | | | |
| 杕杜 | √ | | | √ | | √ | | | | | | | √ | | | | | | |
| 南有嘉魚 | √ | | √ | | | √ | | | | √ | √ | | | √ | √ | | √ | | |
| 南山有臺 | √ | | √ | | | √ | | | | √ | | | √ | | | | | | |
| 蓼蕭 | √ | | √ | | | √ | | | | | √ | | √ | | | | | | |
| 湛露 | √ | | √ | | | √ | | | | √ | √ | | √ | | √ | | | | |
| 菁菁者莪 | √ | | √ | | | √ | | | | | | | √ | | | | | | |
| 采芑 | √ | | √ | | | √ | | | | √ | √ | | √ | | | | | | |
| 鴻鴈 | √ | | √ | | | √ | | | | √ | | | √ | | | | | | |
| 沔水 | | √ | √ | √ | | √ | | | | √ | | | √ | | √ | | | | |
| 鶴鳴 | √ | | √ | | | | | | | √ | √ | √ | √ | | | | | | |
| 黃鳥 | √ | | √ | | | √ | | | | √ | | | | | | | | | √ |
| 我行其野 | √ | | √ | | | √ | | | | √ | | | | | | √ | | | |
| 斯干 | √ | | √ | | | | | | | √ | | | √ | | | | | | |
| 節南山 | √ | | √ | √ | | √ | √ | √ | | √ | | | √ | | √ | | | | √ |
| 正月 | √ | | √ | | | √ | | √ | | √ | √ | | √ | √ | | | √ | | |
| 小宛 | √ | | √ | | | √ | | | | √ | √ | | √ | √ | | | | √ | √ |
| 小弁 | √ | √ | √ | √ | | √ | √ | | | √ | √ | | √ | √ | | | | | |
| 巧言 | √ | | √ | | | √ | | | | √ | | | √ | | | | | | |
| 何人斯 | | √ | √ | | | √ | | | | | | | √ | | | | | | |
| 巷伯 | √ | | √ | | | √ | | | | √ | √ | | √ | √ | √ | | | | |
| 谷風 | √ | | √ | | | √ | | | | √ | √ | | √ | | | | √ | | |

| 篇名 | 1 | 2 | 3 | 4 | 5 | 6 | 7 | 8 | 9 | 10 | 11 | 12 | 13 | 14 | 15 | 16 | 17 | 18 |
|---|---|---|---|---|---|---|---|---|---|---|---|---|---|---|---|---|---|---|
| 蓼莪 | √ |  | √ |  |  | √ |  |  |  |  |  | √ |  |  |  | √ |  |  |
| 大東 | √ | √ | √ |  | √ |  |  |  |  |  |  | √ |  |  |  | √ | √ | √ |
| 四月 | √ | √ | √ | √ |  | √ |  |  | √ |  |  | √ | √ |  |  |  |  | √ |
| 北山 | √ |  | √ |  |  |  |  |  |  |  |  | √ |  |  |  | √ |  |  |
| 無將大車 | √ |  | √ |  |  |  |  |  | √ |  |  | √ |  |  |  |  |  |  |
| 瞻彼洛矣 | √ |  | √ |  |  | √ |  |  |  | √ |  | √ |  |  |  | √ |  |  |
| 裳裳者華 | √ |  | √ |  |  | √ |  |  |  | √ |  |  |  |  |  | √ |  |  |
| 桑扈 | √ |  | √ |  |  | √ |  |  |  | √ |  |  |  |  |  | √ |  |  |
| 鴛鴦 |  | √ | √ |  |  | √ |  |  |  |  |  |  |  |  |  |  | √ | √ |
| 頍弁 | √ |  | √ | √ |  | √ |  |  | √ |  |  |  |  |  |  | √ |  |  |
| 車舝 | √ |  | √ |  |  | √ | √ |  |  | √ |  | √ |  |  |  | √ | √ |  |
| 青蠅 | √ |  | √ |  |  | √ |  |  | √ |  |  |  |  |  |  | √ |  |  |
| 魚藻 | √ |  | √ |  |  | √ |  |  | √ |  |  |  |  |  |  | √ |  |  |
| 采菽 | √ |  | √ |  |  | √ | √ |  | √ | √ |  |  | √ |  |  | √ | √ |  |
| 角弓 | √ |  | √ |  |  | √ |  |  | √ | √ |  |  | √ |  |  | √ |  |  |
| 菀柳 | √ |  | √ | √ |  | √ |  |  |  |  |  | √ |  |  |  |  |  |  |
| 采綠 |  | √ | √ |  |  | √ |  |  |  |  |  |  |  | √ |  |  | √ |  |
| 黍苗 | √ |  | √ |  |  | √ |  |  |  |  |  |  |  |  |  | √ |  |  |
| 隰桑 | √ |  | √ |  |  | √ |  |  | √ |  |  |  |  |  |  | √ |  |  |
| 白華 | √ |  | √ | √ |  | √ |  |  |  |  |  | √ |  |  |  | √ | √ | √ |
| 緜蠻 | √ |  | √ |  |  |  |  |  |  |  |  | √ |  |  |  | √ |  |  |
| 苕之華 | √ | √ | √ |  |  | √ |  |  | √ | √ |  |  |  |  |  | √ | √ |  |
| 大雅 8/31 |  |  |  |  |  |  |  |  |  |  |  |  |  |  |  |  |  |  |
| 緜 | √ |  | √ | √ |  | √ |  |  |  |  |  | √ |  |  |  | √ |  | √ |
| 棫樸 | √ |  | √ |  |  |  |  |  |  |  |  | √ |  |  |  | √ |  |  |
| 旱麓 | √ | √ | √ |  |  | √ |  |  | √ | √ |  |  |  |  |  | √ | √ | √ |
| 鳬鷖 | √ |  | √ |  |  | √ |  |  |  |  |  | √ |  |  |  | √ |  |  |
| 泂酌 | √ |  | √ |  |  | √ |  |  |  |  |  | √ |  |  |  | √ |  |  |
| 卷阿 | √ |  | √ |  |  | √ |  |  |  |  |  | √ |  |  |  |  | √ |  |
| 桑柔 | √ |  | √ | √ |  | √ |  |  |  |  |  | √ |  |  |  | √ | √ | √ |
| 召旻 | √ |  | √ |  |  | √ |  |  |  |  |  | √ |  |  |  | √ |  |  |
| 周頌 2/31 |  |  |  |  |  |  |  |  |  |  |  |  |  |  |  |  |  |  |
| 清廟 | 未 | 言 | 明 | 此 | 興 | 爲 | 何 | 興 | （振鷺用興） |  |  |  |  |  |  |  |  |  |
| 振鷺 | √ |  | √ |  |  | √ |  |  | √ | √ |  | √ |  |  |  | √ |  |  |
| 魯頌 2/4 |  |  |  |  |  |  |  |  |  |  |  |  |  |  |  |  |  |  |
| 有駜 | √ |  | √ |  |  | √ |  |  | √ | √ |  | √ |  |  |  | √ |  |  |
| 泮水 | √ | √ | √ |  |  | √ |  |  |  |  |  | √ |  |  |  | √ |  | √ |
| 商頌 1/5 |  |  |  |  |  |  |  |  |  |  |  |  |  |  |  |  |  |  |
| 長發 | √ |  | √ |  |  |  |  |  | √ |  |  | √ |  |  |  | √ |  |  |

表格來源：筆者整理

　　王禮卿先生將興細分爲八大類，下分三十三小類，將「興」之體例作一詳細、完整之詮釋。其中，一篇之詩作，有時不啻只有一種興體，如〈關雎〉首章既爲託物之興，又爲兼比之正興，佔所分興體之三類，可看出興體之變化無窮，如王先生所言：「此興體取資各異，一篇各章，或分取，或竝取，或疊取，或錯取，……，而所取者之大小、善惡、妍蚩、盛衰、動靜、生死、貴賤、稀夥、則無所拘。」〔註68〕觀王先生分析興義，探索幽微、闡發奧義，將興體助文成境之奧遠意旨發明出來，將之與《詩序》合觀，更顯出興體對《詩經》的重要性。如此卓越的成績，堪稱《詩序》與《毛傳》的功臣。

　　自宋朝以來，《詩經》學界曾有「廢《序》」的聲浪，近年因爲古代史料出土漸多，一批批古籍、文物幾乎都說明《詩序》的說法頗近古史的眞面目。〔註69〕而且，《詩序》是毛公之前的作品，毛公依《序》解詩，幾乎成爲定論。在這樣的情況下，王禮卿先生對興義的闡發對今日學者而言，有著更高的價值與深鉅的意義。

---

〔註68〕王禮卿：《四家詩恉會歸》，冊一，頁52。

〔註69〕如上博簡《孔子詩論》，姜廣輝以爲《古詩序》（《孔子詩論》）是《詩序》的最早型態，而林慶彰經比對二者後發現，其異同約有以下四點：

（1）就兩者著成時代來說，《詩論》可能是戰國中期以前的作品，作者是孔子及孔門弟子。《詩序》時代可能較晚，是整理先秦說詩之詩旨而成的作品。

（2）就兩書的體例來說，《詩論》評論的順序是總論，接者是〈頌〉、〈大雅〉、〈小雅〉、〈邦風〉。《詩序》的順序是〈大序〉、〈國風〉、〈小雅〉、〈大雅〉、〈頌〉。各篇〈詩小序〉皆繫於各詩之下。且《詩論》的評述，往往以一主題爲中心，將相關各篇繫在一起作論述。《詩序》的論述，往往是背景或外圍問題。

（3）就兩書的道德教化觀來說，《詩論》中和德有關的字詞特多，是以德說詩的典型。《詩序》也強調王道教化，可見兩書都體現了儒家的重德精神。

（4）就《詩論》評詩和《詩序》詩旨的比較來說，《詩論》可比較的五十三首中，與《詩序》論點可相輔相成的有三十五篇，相左的有十一篇。可見兩者的差異並不太大。

以上資料來自林慶彰：〈《孔子詩論》與《詩序》之比較研究〉，《經學研究集刊》創刊號（2005年10月），頁1～12。

# 第五章　《四家詩恉會歸》引書舉隅

　　《四家詩恉會歸》引書九十餘種，頗爲繁富，遍及經史子集四大類。王禮卿先生於撰書期間，不斷翻閱《皇清經解》、《通志堂經解》等文獻，並詳加研究，終成此巨著。〔註1〕

　　王先生注重音義訓詁，藉考據爲本而到詩中義理思想，書中甚至兼及傳統文學理論、文學批評，可說是一部考證嚴謹的鉅著，充分顯現王先生治學之精博。

　　因王先生在書中欲會歸四家詩恉，故筆者在此先以書中「詩恉」爲主，分析、統整其所引之書爲何，藉此以觀王先生引何書來還原四家詩恉，並藉此以明王先生引書之特點，了解其引何書分證四家詩恉。〔註2〕

## 一、「詩恉」所引之書

＊　未註明次數者爲1次。

＊　（　）代表之意：

1. （　）內表王禮卿先生將此資料歸在同一條。

　　　如：〈鵲巢〉　齊說：儀禮鄉飲酒鄭注：鵲巢；言國君夫人之德。（南齊書五行志：鵲巢、夫人之德也。）

2. 或表明此引文之出處。

　　　如：〈行露〉　魯說：服虔曰：古者一禮不備，貞女不從。詩曰：雖

---

〔註1〕　資料來源爲筆者電話訪談王禮卿先生之女——王令樾教授，詳見附錄一。
〔註2〕　此處所列出的引書書目及內容，應爲清儒集佚之成果，並非王禮卿先生的集佚成果，但王先生蒐羅之功仍不可忽視，由此也可看出四家詩恉發展之脈絡。

速我訟，亦不女從。（左傳宣元年正義引）

＊ 王先生有列出篇名者，以【】表示。

| 篇　名 | 毛 | 魯 | 齊 | 韓 | 備註 |
|---|---|---|---|---|---|
| 周南 | | | | | |
| 關雎 | 毛序 | 何晏論語集解<br>史記*3：<br>【外戚世家】<br>【十二諸侯年表敘】<br>【儒林傳敘】<br>漢書：<br>【杜欽上書】<br>劉向列女傳：<br>【魏曲沃負篇】<br>揚雄法言：<br>【孝至篇】<br>張衡思玄賦（未註明出處書籍）<br>王充論衡：<br>【謝短篇】<br>袁宏後漢紀<br>後漢書*2：<br>【楊賜傳】<br>【皇后紀論】<br>應劭風俗通義（文選）<br>蔡邕青衣賦（藝文類聚、初學記、古文苑同）<br>張超青衣賦（古文苑） | 漢書*3<br>儀禮：<br>【鄉飲酒、燕禮】<br>詩推度災<br>春秋說題辭<br>易林*3：<br>【小畜之小過】<br>【垢之无妄】<br>【晉之同人】<br>漢書*2：<br>【外戚傳】<br>【杜欽傳贊】<br>班固離騷序（未註明出處書籍）<br>班昭女誡<br>後漢書 | 韓詩外傳<br>韓詩章句<br>後漢書*3：<br>【明帝紀】<br>韓詩（文選） | |
| 葛覃 | 毛序<br>箋 | 蔡邕協和婚賦（古文苑） | 儀禮：<br>【鄉飲酒鄭注】 | | |
| 卷耳 | 毛序<br>箋 | 淮南子：<br>【俶眞訓】 | 儀禮：<br>【鄉飲酒鄭注】<br>易林*2：<br>【鼎之乾】<br>【乾之革】 | | |
| 樛木 | 毛序<br>箋<br>孔疏<br>陳奐疏 | | 班固幽通賦（文選） | | |

| 螽斯 | 毛序<br>箋 | | 後漢書：<br>【荀爽傳】 | 續漢書 | |
|---|---|---|---|---|---|
| 桃夭 | 毛序<br>箋<br>陳奐疏 | | 易林*3：<br>【否之隨】<br>【復之解】<br>【困之觀】 | | |
| 兔罝 | 毛序 | 列女傳：<br>【楚接與妻傳】<br>說苑：<br>【復思篇】<br>論衡：<br>【宣漢篇】<br>趙岐孟子章指<br>呂覽：<br>【報更篇】<br>徐幹中論：<br>【法象篇】 | 易林：<br>【乾之困】 | 文選：<br>【三十七桓溫薦譙元彥表劉良注曰】 | |
| 芣苢 | 毛序<br>箋 | 列女傳：<br>【貞順篇】 | | 韓詩序（文選、太平御覽）<br>韓詩（文選、太平御覽） | |
| 漢廣 | 毛序<br>箋<br>李迂仲《毛詩李黃集解》<br>陳奐疏<br>鄭樵 | | | 韓詩序（文選） | |
| 汝墳 | 毛序<br>箋 | 列女傳：<br>【賢明篇】 | 易林：<br>【兌之噬嗑】 | 韓詩序（後漢書） | |
| 麟之趾 | 毛序<br>箋<br>陳奐疏 | | | 文選 | |
| 召南 | | | | | |
| 鵲巢 | 毛序<br>箋<br>孔疏<br>陳奐疏 | | 儀禮：<br>【鄉飲酒鄭注】（南齊書五行志） | | |

| 采蘩 | 毛序 箋 | | 儀禮： 【鄉飲酒鄭注】 | | |
|---|---|---|---|---|---|
| 草蟲 | 毛序 | 說苑： 【君道篇】 | | | |
| 采蘋 | 毛序 箋 | 潛夫論： 【班祿篇】 | 儀禮： 【鄉飲酒鄭注】 | | |
| 甘棠 | 毛序 箋 孔疏 | 史記： 【燕召公世家】 潛夫論*2： 【忠貴篇】 【愛日篇】 論衡： 【須頌篇】 高誘淮南： 【氾論訓注】 應劭風俗通義 說苑： 【貴德篇】 漢書： 【韋玄成傳】 法言*2： 【先知篇】 【巡狩篇】 白虎通： 【封公侯篇】 | 易林*2： 【師之蠱】 【復之巽】 鹽鐵論： 【授時篇】 漢書： 【高惠文功臣表】 | 韓詩外傳 漢書： 【王吉傳】 | |
| 行露 | 毛序 箋 | 列女傳： 【貞順篇】 服虔日（出自左傳） | 易林*2： 【大壯之垢】 【冗妄之剝】 | 韓詩外傳 | |
| 羔羊 | 毛序 箋 正義 | 漢書： 【儒林傳谷永上疏】 | 易林： 【謙之離】 曹大家： 【鍼縷賦】（古文苑） | 辥君章句 （後漢書） | |
| 殷其靁 | 毛序 箋 孔疏 | | | | |
| 摽有梅 | 毛序 陳奐 | 蔡邕協和婚賦 | | 周禮： 【媒氏疏引張融云】 | |

| 小星 | 毛序<br>箋 | | 易林：<br>【大過之夬】 | 韓詩外傳<br>文選：<br>【魏文帝雜詩呂向注】 | |
|---|---|---|---|---|---|
| 江有汜 | 毛序<br>箋 | | 易林：<br>【明夷之噬嗑】 | | |
| 野有死麕 | 毛序<br>箋 | | | 劉昫舊唐書：<br>【禮儀志】 | |
| 何彼襛矣 | 毛序<br>箋 | 鄭玄箋膏肓 | 易林：<br>【艮之困】<br>荀悅申鑒：<br>【時事二】 | | |
| 騶虞 | 毛序箋 | 賈誼新書：<br>【禮篇】<br>蔡邕琴操 | 禮記：<br>【射義】<br>儀禮：<br>【鄉射禮】<br>易林：<br>【坤之小畜】 | 韓詩（周禮） | |
| 邶風 | | | | | |
| 柏舟 | 毛序<br>箋 | 列女傳：<br>【貞順篇】<br>潛夫論：<br>【斷訟篇】<br>晉湛方生貞女解（藝文類聚） | 易林：<br>【屯之乾】 | | |
| 綠衣 | 毛序<br>箋 | | 列女傳：<br>【八班婕妤賦】<br>易林：<br>【觀之革】 | | |
| 燕燕 | 毛序<br>箋<br>陳奐疏 | 列女傳：<br>【母儀篇】 | 禮記：<br>【坊記鄭注】<br>易林*2：<br>【恒之坤】<br>【萃之賁】 | 王氏詩攷 | |
| 日月 | 毛序 | 列女傳：<br>【嬖孽篇】<br>新序 | 易林*2：<br>【豫之睽】<br>【升之革】 | | |
| 終風 | 毛序<br>箋 | | 易林：<br>【頤之升】 | | |

| 擊鼓 | 毛序<br>箋 | 史記：<br>【衛世家】 | 易林：<br>【家人之同人】 | | |
|---|---|---|---|---|---|
| 凱風 | 毛序<br>箋<br>陳奐疏 | 趙岐孟子章句 | 易林：<br>【咸之家人】<br>大戴禮：<br>【曾子立孝篇】 | | |
| 雄雉 | 毛序<br>箋<br>陳奐疏 | | | | |
| 匏有苦葉 | 毛序<br>箋<br>陳奐疏 | 後漢書：<br>【張衡傳】 | 易林：<br>【震卦】 | | |
| 谷風 | 毛序<br>箋<br>陳奐疏 | 列女傳：<br>【賢明篇】 | | | |
| 式微 | 毛序<br>箋 | 列女傳：<br>【貞順篇】 | 易林：<br>【小畜之謙】 | | |
| 旄丘 | 毛序<br>箋<br>陳奐疏<br>左傳 | | 易林*2：<br>【歸妹之蠱】<br>【豫之大壯】 | | |
| 簡兮 | 毛序<br>箋<br>陳奐疏 | | | | |
| 泉水 | 毛序<br>箋<br>皮錫瑞云<br>左傳 | | | | |
| 北門 | 毛序<br>箋 | 潛夫論*2：<br>【讚學篇】<br>【交際篇】 | | | |
| 北風 | 毛序 | 張衡西京賦 | 易林*2：<br>【晉之否】<br>【否之損】 | | |
| 靜女 | 毛序<br>箋 | | 易林*3：<br>【師之同人】<br>【同人之隨】<br>【大有之隨】 | | |

| 新臺 | 毛序<br>箋<br>陳奐疏<br>孟子<br>漢書 | | 易林：<br>【歸妹之蠱】 | | |
| --- | --- | --- | --- | --- | --- |
| 二子乘舟 | 毛序 | 新序：<br>【節士篇】 | | | |
| **鄘風** | | | | | |
| 柏舟 | 毛序<br>箋<br>孔疏<br>釋文 | 列女傳：<br>【漢孝平王皇后傳】 | | 魏志：<br>【陳思王植傳】 | |
| 牆有茨 | 毛序<br>箋<br>陳奐疏 | | 易林：<br>【小過之小畜】 | 周禮：<br>【媒氏】 | |
| 君子偕老 | 毛序<br>箋 | | | 周禮：<br>【內司服賈疏】 | |
| 桑中 | 毛序<br>箋 | | 易林*3：<br>【師之噬嗑】<br>【蠱之謙】<br>【艮之解】<br>漢書：<br>【地理志】 | | |
| 鶉之奔奔 | 毛序<br>箋 | | | | |
| 定之方中 | 毛序<br>箋 | | | | |
| 蝃蝀 | 毛序<br>箋 | 後漢書：<br>【楊賜傳】 | 易林：<br>【蠱之復】<br>後漢書：<br>【郎顗對章曰】 | 韓詩序（後漢書楊賜傳賢注引）<br>韓詩傳（後漢書楊賜傳賢注引） | |
| 相鼠 | 毛序 | 白虎通：<br>【諫諍篇】 | | | |
| 干旄 | 毛序<br>箋 | | 易林：<br>【師之隨】 | | |
| 載馳 | 毛序<br>箋 | 列女傳：<br>【仁智傳】<br>服虔左傳注 | 易林*2：<br>【比之家人】<br>【噬嗑之頌】 | 韓詩外傳 | |

| 衛風 | | | | | |
|---|---|---|---|---|---|
| 淇奧 | 毛序 | 徐幹中論：<br>【修本篇】 | | | |
| 考槃 | 毛序<br>箋 | 孔叢子 | | | |
| 碩人 | 毛序 | 列女傳：<br>【齊女傅母篇】 | 易林：<br>【豫之家人】 | | |
| 氓 | 毛序 | | 易林：<br>【蒙之困】 | | |
| 竹竿 | 毛序<br>陳奐疏 | | | | |
| 芄蘭 | 毛序<br>箋 | | | | |
| 河廣 | 毛序<br>箋 | | 鹽鐵論：<br>【執務篇】 | | |
| 伯兮 | 毛序<br>箋 | | 易林*3：<br>【節之謙】<br>【大過之訟】<br>【解之蹇】 | | |
| 有狐 | 毛序<br>箋<br>陳奐疏 | | 易林：<br>【觀之蠱】 | | |
| 木瓜 | 毛序<br>毛傳 | 賈子新書：<br>【禮篇】 | | | |
| 王風 | | | | | |
| 黍離 | 毛序<br>箋 | 新序：<br>【節士篇】 | | 陳思王植令<br>禽惡鳥論<br>（御覽）<br>後漢書：<br>【郅惲傳】 | |
| 君子于役 | 毛序 | | | | |
| 君子陽陽 | 毛序 | | | | |
| 揚之水 | 毛序<br>箋<br>胡承珙 | | | | |
| 中谷有蓷 | 毛序 | | | | |
| 兔爰 | 毛序<br>箋 | | | | |

| 葛藟 | 毛序<br>箋 | | 易林：<br>【泰之蒙】(師之中、孚蠱之明、夷節之塞同) | |
| --- | --- | --- | --- | --- |
| 采葛 | 毛序<br>箋 | 東方朔七諫<br>劉向九歎<br>張衡思玄賦 | | |
| 大車 | 毛序<br>陳奐疏 | 列女傳：<br>【貞順篇】 | 何休公羊傳解詁（昭二十五年）<br>（應爲何修解詁《春秋公羊傳注疏》） | |
| 丘中有麻 | 毛序<br>箋 | | | |
| 鄭風 | | | | |
| 緇衣 | 毛序<br>箋 | | 禮：<br>【緇衣】 | |
| 將仲子 | 毛序<br>箋 | | | |
| 叔于田 | 毛序 | | | |
| 大叔于田 | 毛序<br>釋文 | | | |
| 清人 | 毛序<br>箋 | | 易林*2：<br>【師之睽】(觀之升、遯之鼎同。貴之艮多公子奉請，王孫嘉許二語)<br>【豐之頤】(咸之旅同) | |
| 羔裘 | 毛序<br>箋 | | | |
| 遵大路 | 毛序 | | | |
| 女曰雞鳴 | 毛序<br>箋<br>李氏紳義<br>（學稼齋李紳） | | 易林：<br>【豐之艮】(漸之鼎同) | |
| 有女同車 | 毛序<br>箋 | | | |

| 山有扶蘇 | 毛序 箋 | 中論： 【審大臣篇】 | 易林*2： 【蠱之比】 【隨之大過】 | | |
|---|---|---|---|---|---|
| 蘀兮 | 毛序 箋 | | | | |
| 狡童 | 毛序 箋 | | | | |
| 褰裳 | 毛序 箋 | | | | |
| 丰 | 毛序 箋 | | | | |
| 東門之墠 | 毛序 | | 易林： 【賁之鼎】 | | |
| 風雨 | 毛序 | | | | |
| 子衿 | 毛序 箋 | | | | |
| 揚之水 | 毛序 | | | | |
| 出其東門 | 毛序 箋 | | 漢書： 【地理志】 | | |
| 野有蔓草 | 毛序 箋 | 說苑： 【尊賢篇】 | | 韓詩外傳 | |
| 溱洧 | 毛序 箋 | 呂覽： 【本生篇高注】 | 漢書： 【地理志】 | 韓詩外傳： 【薛君章句】 | |
| 齊風 | | | | | |
| 雞鳴 | 毛序 釋文 胡承珙 孔叢子 | 列女傳 | 易林： 【夬之屯】 | 韓序文（御覽） | |
| 還 | 毛序 箋 | | | | |
| 著 | 毛序 箋 | | | | |
| 東方之日 | 毛序 | | | | |
| 東方未明 | 毛序 箋 | | | | |
| 南山 | 毛序 箋 | | | | |

| 甫田 | 毛序<br>陳奐 | | | | |
|---|---|---|---|---|---|
| 盧令 | 毛序<br>箋 | | | | |
| 敝笱 | 毛序 | | | | |
| 載驅 | 毛序<br>箋 | | 易林：<br>【屯之大過】(寒之<br>比、困之訟、中孚<br>之離同) | | |
| 猗嗟 | 毛序 | | | | |
| **魏風** | | | | | |
| 葛屨 | 毛序<br>箋 | | | | |
| 汾沮洳 | 毛序 | | | | |
| 園有桃 | 毛序 | | | | |
| 陟岵 | 毛序<br>箋 | | 易林：<br>【泰之否】<br>後漢書：<br>【荀爽貽書】 | | |
| 十畝之間 | 毛序 | | | | |
| 伐檀 | 毛序 | 蔡邕琴操<br>司馬相如上林賦 | 桓寬鹽鐵論：<br>【國疾篇】 | 漢書：<br>【王吉傳吉<br>疏】 | |
| 碩鼠 | 毛序 | 潛夫論：<br>【班祿篇】 | 鹽鐵論：<br>【取下篇】 | | |
| **唐風** | | | | | |
| 蟋蟀 | 毛序<br>箋 | 張衡西京賦 | 鹽鐵論：<br>【通有篇】 | | |
| 山有樞 | 毛序<br>正義 | | | | |
| 揚之水 | 毛序<br>箋 | | 易林：<br>【否之師】<br>【豫之小過】<br>【震之屯】(此三篇<br>的引文同，故王先<br>生將其合併爲同一<br>條資料) | | |
| 椒聊 | 毛序 | | | | |

| 綢繆 | 毛序<br>箋 | | | | |
|---|---|---|---|---|---|
| 杕杜 | 毛序 | | | | |
| 羔裘 | 毛序<br>箋 | | | | |
| 鴇羽 | 毛序<br>箋 | | | | |
| 無衣 | 毛序<br>箋 | | | | |
| 有杕之杜 | 毛序 | | | | |
| 葛生 | 毛序<br>箋<br>正義<br>左傳：<br>【莊二十八<br>年傳】 | | | | |
| 采苓 | 毛序<br>胡承珙<br>范氏補傳<br>（范處義<br>《詩補傳》）<br>呂記（呂氏<br>家塾讀詩<br>記）<br>郝氏仲輿<br>陳奐 | | | | |
| 秦風 | | | | | |
| 車鄰 | 毛序 | | | | |
| 駟驖 | 毛序<br>箋 | | | | |
| 小戎 | 毛序<br>箋 | | | | |
| 蒹葭 | 毛序<br>箋 | | | | |
| 終南 | 毛序 | | | | |
| 黃鳥 | 毛序<br>箋 | 史記*2：<br>【秦本紀】<br>【敘傳】<br>應劭漢書注 | 漢書：<br>【匡衡傳】<br>易林：<br>【困之大壯】 | 曹植三良詩 | |

| 晨風 | 毛序 | | | | |
|---|---|---|---|---|---|
| 無衣 | 毛序 | | 漢書：<br>【趙充國辛慶忌傳贊】 | | |
| 渭陽 | 毛序 | 列女：<br>【秦穆姬傳】 | | 後漢書：<br>【馬援傳注引韓詩】 | |
| 權輿 | 毛序 | | | | |
| 陳風 | | | | | |
| 宛丘 | 毛序 | | 漢書*2：<br>【地理志】<br>【匡衡傳注引張晏云】 | | |
| 東門之枌 | 毛序 | | 漢書：<br>【地理志】 | | |
| 衡門 | 毛序<br>箋 | | | | |
| 東門之池 | 毛序 | | | | |
| 東門之楊 | 毛序 | | | | |
| 墓門 | 毛序<br>箋 | | | | |
| 防有鵲巢 | 毛序<br>後箋<br>陸堂學詩<br>（應爲《陸堂詩學》清陸奎勳著） | | | | |
| 月出 | 毛序 | | | | |
| 株林 | 毛序<br>箋 | | 易林*2：<br>【睽之萃】<br>【巽之蠱】 | | |
| 澤陂 | 毛序<br>箋 | | | | |
| 檜風 | | | | | |
| 羔裘 | 毛序<br>箋 | 王符潛夫論：<br>【論志姓氏篇】 | | | |
| 素冠 | 毛序<br>箋 | | | | |

| 隰有萇楚 | 毛序 箋 | | | | |
|---|---|---|---|---|---|
| 匪風 | 毛序 | | 易林： 【渙之乾】 | 漢書： 【王吉傳】 韓詩外傳 | |
| **曹風** | | | | | |
| 蜉蝣 | 毛序 | | 漢書： 【古今人表】 | | |
| 候人 | 毛序 | | | | |
| 鳲鳩 | 毛序 | | 易林*2： 【乾之蒙】 【隨之小過】 大戴禮： 【勸學篇】 | | |
| 下泉 | 毛序 | | 易林： 【蠱之歸妹】 | | |
| **豳風** | | | | | |
| 七月 | 毛序 箋 | 潛夫論： 【浮侈篇】 | 漢書： 【地理志】 | | |
| 鴟鴞 | 毛序 箋 | 史記： 【魯世家】 | 易林*2： 【坤之遯】 【大觸之蹇】 | | |
| 東山 | 毛序 箋 | | 易林*2： 【屯之升】 【家人之頤】 | | |
| 破斧 | 毛序 箋 | 白虎通： 【巡狩篇】 何休僖四年公羊傳 解詁 楊雄法言 | 易林： 【井之小畜】 公羊傳四年傳 後漢書： 【班固奏記東平王 蒼曰】 | | |
| 伐柯 | 毛序 箋 | | | | |
| 九罭 | 毛序 | | | | |
| 狼跋 | 毛序 箋 | | | | |
| **小雅** | | | | | |

| 鹿鳴 | 毛序<br>箋 | 史記：<br>【十二諸侯年表序】<br>蔡邕琴操<br>淮南：<br>【詮言訓】<br>潛夫論：<br>【班祿篇】 | 儀禮：<br>【鄉飲酒鄭注】<br>禮記：<br>【學記】 | 魏志：<br>【曹植疏】 | |
| 四牡 | 毛序<br>箋 | | 詩氾歷樞<br>儀禮：<br>【鄉飲酒鄭注】<br>易林：<br>【呂之漸】<br>【渙之復】(列在同一條) | | |
| 皇皇者華 | 毛序<br>箋 | | (儀禮) 鄉飲酒禮<br>鄭注 (燕禮注同) | | |
| 常棣 | 毛序<br>箋 | 後漢書：<br>【杜鄴傳】 | | 韓序 (呂祖謙讀詩記十七引韓詩序文) | |
| 伐木 | 毛序<br>正義 | 蔡邕正交論 | 易林：<br>【夬之震】 | 韓詩序 (文選) | |
| 天保 | 毛序<br>箋 | | 氾歷樞 | | |
| 采薇 | 毛序<br>箋 | 史記：<br>【周本紀】<br>白虎通：<br>【征伐篇】<br>蔡邕和熹鄧皇后謚議文 | 漢書：<br>【匈奴傳】<br>易林：<br>【暌之小過】 | | |
| 出車 | 毛序<br>箋 | 蔡邕諫伐鮮卑議 | 漢書：<br>【匈奴傳】 | | |
| 杕杜 | 毛序<br>箋 | | 鹽鐵論：<br>【繇役篇】 | | |
| 魚麗 | 毛序<br>箋 | | 儀禮：<br>【鄉飲酒鄭注】<br>易林：<br>【暌之小過】 | | |
| 南陔 | 毛序 | | | | 笙詩 |

| 白華 | 毛序 | | | | 笙詩 |
|---|---|---|---|---|---|
| 華黍 | 毛序 | | | | 笙詩 |
| | | | | | |
| 南有嘉魚 | 毛序<br>箋 | | 氾歷樞<br>儀禮：<br>【鄉飲酒鄭注】 | | |
| 南山有臺 | 毛序<br>箋 | | 儀禮：<br>【鄉飲酒鄭注】 | | |
| 由庚 | 毛序 | | | | 笙詩 |
| 崇丘 | 毛序 | | | | 笙詩 |
| 由儀 | 毛序 | | | | 笙詩 |
| 蓼蕭 | 毛序<br>箋 | | | | |
| 湛露 | 毛序<br>箋 | | 易林*2：<br>【屯之鼎】<br>【訟之既濟】 | | |
| 彤弓 | 毛序<br>箋<br>正義 | | | | |
| 菁菁者莪 | 毛序<br>箋 | 徐幹中論：<br>【藝紀篇】 | | | |
| 六月 | 毛序<br>箋 | 漢書：<br>【韋玄成傳引劉歆議】<br>【蔡邕諫伐鮮卑議】<br>（亦爲漢書） | 漢書：<br>【匈奴傳】 | | |
| 采芑 | 毛序 | | 詩氾歷樞 | | |
| 車攻 | 毛序<br>箋 | | 易林：<br>【履之夬】 | | |
| 吉日 | 毛序 | | | | |
| | | | | | |
| 鴻鴈 | 毛序<br>箋 | | 氾歷樞 | | |
| 庭燎 | 毛序<br>箋 | | | | |
| 沔水 | 毛序<br>箋<br>春秋傳 | | | | |

| | | | | |
|---|---|---|---|---|
| 鶴鳴 | 毛序箋 | 後漢書：<br>【楊震傳】 | 易林：<br>【師之艮】 | |
| 祈父 | 毛序箋 | | 詩氾歷樞<br>易林：<br>【謙之歸妹】 | |
| 白駒 | 毛序箋 | 蔡邕琴操 | | 曹植釋思賦 |
| 黃鳥 | 毛序箋 | | 易林：<br>【乾之坎】 | |
| 我行其野 | 毛序箋 | | 易林：<br>【巽之豫】 | |
| 斯干 | 毛序箋 | 漢書：<br>【劉向傳】<br>楊雄將作大匠箴張衡東京賦<br>蔡邕宗廟祝嘏詞 | | |
| 無羊 | 毛序箋 | | | |
| | | | | |
| 節南山 | 毛序箋 | | 漢書：<br>【董仲舒對策】 | |
| 正月 | 毛序 | | | |
| 十月之交 | 毛序箋 | | | |
| 雨無正 | 毛序箋 | | | 韓序（集傳、呂東萊讀詩記） |
| 小旻 | 毛序箋 | | | |
| 小宛 | 毛序箋 | | | |
| 小弁 | 毛序正義 | 趙岐孟子章句 | | |
| 巧言 | 毛序 | | 易林：<br>【隨之夬】 | |
| 何人斯 | 毛序箋 | | | |
| 巷伯 | 毛序 | | | |
| | | | | |

| 谷風 | 毛序 | 潛夫論：<br>【交際篇】<br>蔡邕正交論<br>後漢書：<br>【朱穆傳崇厚篇】 | | | |
|---|---|---|---|---|---|
| 蓼莪 | 毛序<br>箋 | | 後漢書：<br>【陳寵傳】 | | |
| 大東 | 毛序<br>箋 | 潛夫論：<br>【班祿篇】 | 易林：<br>【復之兌】 | | |
| 四月 | 毛序 | 中論：<br>【譴交篇】 | | 韓詩序（呂氏<br>讀詩記引） | |
| 北山 | 毛序 | 後漢書：<br>【楊賜傳】 | | | |
| 無將大車 | 毛序<br>箋 | | 易林：<br>【井之大有】 | | |
| 小明 | 毛序<br>箋 | | | | |
| 鼓鐘 | 毛序 | | 正義（鄭於中侯握<br>河紀注云） | | |
| 楚茨 | 毛序<br>箋 | | | | |
| 信南山 | 毛序 | | | | |
| 甫田 | 毛序<br>箋 | | | | |
| 大田 | 毛序<br>箋 | | | | |
| 瞻彼洛矣 | 毛序 | | | | |
| 裳裳者華 | 毛序<br>箋 | 孔叢子 | | | |
| 桑扈 | 毛序<br>箋 | | | | |
| 鴛鴦 | 毛序<br>箋 | | | | |
| 頍弁 | 毛序<br>箋 | | | | |
| 車舝 | 毛序 | | | | |

| 青蠅 | 毛序 | | 易林*2：<br>【豫之困】<br>【觀之革】 | |
| --- | --- | --- | --- | --- |
| 賓之初筵 | 毛序<br>箋 | | 易林：<br>【大壯之家人】 | 韓詩（後漢書孔融傳李注引韓詩） |
| | | | | |
| 魚藻 | 毛序<br>箋 | | | |
| 采菽 | 毛序<br>箋 | 孔叢子<br>國語 | | 後漢書：<br>【東平憲王傳】 |
| 角弓 | 毛序 | 漢書：<br>【杜鄴傳】 | | |
| 菀柳 | 毛序 | | | |
| 都人士 | 毛序<br>箋 | | | |
| 采綠 | 毛序<br>箋 | | | |
| 黍苗 | 毛序<br>箋 | | | 三家說<br>國語：<br>【韋昭注】<br>左傳：<br>【襄九年杜預注】 |
| 隰桑 | 毛序 | | | |
| 白華 | 毛序<br>箋 | | 漢書：<br>【班婕妤傳】 | |
| 緜蠻 | 毛序<br>箋 | 潛夫論：<br>【班祿篇】 | | |
| 瓠葉 | 毛序<br>箋 | | | |
| 漸漸之石 | 毛序<br>箋 | | | |
| 苕之華 | 毛序<br>箋 | | | |
| 何草不黃 | 毛序 | | | |
| **大雅** | | | | |

| 文王 | 毛序箋 | | | | |
|---|---|---|---|---|---|
| 大明 | 毛序箋 | | 詩汜歷樞 | | |
| 緜 | 毛序 | | 詩含神霧 | | |
| 棫樸 | 毛序 | | 春秋繁露：<br>【郊祭篇】 | | |
| 旱麓 | 毛序 | | | | |
| 思齊 | 毛序箋 | | | | |
| 皇矣 | 毛序箋 | | | | |
| 靈臺 | 毛序箋 | | | | |
| 下武 | 毛序箋 | | | | |
| 文王有聲 | 毛序箋 | | | | |
| | | | | | |
| 生民 | 毛序 | | | | |
| 行葦 | 毛序箋 | 列女傳：<br>【晉弓工妻傳】<br>潛夫論*2：<br>【德化篇】<br>【邊議篇】 | 班彪北征賦 | 吳越春秋 | （漢人本三家說）<br>後漢書：<br>【寇榮傳】 |
| 既醉 | 毛序箋 | | | | |
| 鳧鷖 | 毛序箋 | | | | |
| 假樂 | 毛序 | 論衡：<br>【藝增篇】 | | | |
| 公劉 | 毛序箋 | 史記：<br>【周本紀】 | 易林：<br>【家人之臨】<br>吳越春秋*2：<br>【一】<br>【五】 | | |
| 泂酌 | 毛序 | 楊雄博士箴 | 鹽鐵論：<br>【和親篇】 | | |

| 卷阿 | 毛序<br>箋 | | 易林*2：<br>【觀之謙】<br>【大過之需，揆之困】 | | |
|---|---|---|---|---|---|
| 民勞 | 毛序<br>箋<br>釋文 | | | | |
| 板 | 毛序<br>箋 | 後漢書：<br>【李固傳】 | | | |
| 蕩 | 毛序 | | | | |
| 抑 | 毛序<br>箋 | | | 侯苞韓詩翼要 | |
| 桑柔 | 毛序<br>箋 | 潛夫論：<br>【遏利篇】 | | | |
| 雲漢 | 毛序<br>箋<br>春秋 | | 春秋繁露：<br>【郊祀篇】 | 韓詩（鈔本北堂書鈔） | |
| 崧高 | 毛序<br>箋 | | | | |
| 蒸民 | 毛序 | | | | |
| 韓奕 | 毛序<br>箋 | | | | |
| 江漢 | 毛序<br>箋 | | | | |
| 常武 | 毛序<br>箋 | | | | |
| 瞻卬 | 毛序<br>箋 | | | | |
| 召旻 | 毛序<br>箋 | | | | |
| 周頌 | | | | | |
| 清廟 | 毛序<br>箋 | 蔡邕獨斷（此即魯序也）<br>漢書*3：<br>【王襃傳四子講德論】<br>【韋玄成傳】<br>【劉向上封事】 | 後漢書：<br>【祭祀志劉注引東觀書東平王蒼議稱詩傳文】 | | |
| 維天之命 | 毛序<br>箋 | 蔡邕獨斷（魯序） | | | |
| 維清 | 毛序<br>箋 | 蔡邕獨斷（魯序） | 繁露：<br>【質文篇】 | | |

| 烈文 | 毛序<br>箋 | 蔡邕獨斷（魯序） | | 孔疏引服虔<br>左傳注 | |
|---|---|---|---|---|---|
| 天作 | 毛序<br>箋 | 蔡邕獨斷（魯序） | | | |
| 昊天有成命 | 毛序 | 蔡邕獨斷（魯序） | | | |
| 我將 | 毛序 | 蔡邕獨斷（魯序） | | | |
| 時邁 | 毛序<br>箋<br>正義 | 蔡邕獨斷（魯序） | 儀禮：<br>【大射禮鄭注文】 | 後漢書：<br>【李固傳注<br>引辭君傳<br>文】 | |
| 執競 | 毛序 | 蔡邕獨斷（魯序） | | | |
| 思文 | 毛序 | 蔡邕獨斷（魯序） | 漢書：<br>【郊祀志】 | | |
| 臣工 | 毛序 | 蔡邕獨斷（魯序） | | | |
| 噫嘻 | 毛序<br>箋<br>月令 | 蔡邕獨斷（魯序） | | | |
| 振鷺 | 毛序<br>箋 | 蔡邕獨斷（魯序） | | | |
| 豐年 | 毛序<br>箋 | 蔡邕獨斷（魯序） | | | |
| 有瞽 | 毛序<br>箋 | 蔡邕獨斷（魯序） | | | |
| 潛 | 毛序<br>箋 | 蔡邕獨斷（魯序） | | | |
| 雝 | 毛序<br>箋 | 蔡邕獨斷（魯序） | | 三禮義宗引<br>韓詩內傳 | |
| 載見 | 毛序 | 蔡邕獨斷（魯序） | | | |
| 有客 | 毛序<br>箋 | 蔡邕獨斷（魯序） | | | |
| 武 | 毛序<br>箋 | 蔡邕獨斷（魯序） | | | |
| 閔予小子 | 毛序<br>箋 | 蔡邕獨斷（魯序） | | | |
| 訪落 | 毛序<br>箋 | 蔡邕獨斷（魯序） | | | |
| 敬之 | 毛序 | 蔡邕獨斷（魯序） | | | |
| 小毖 | 毛序<br>箋 | 蔡邕獨斷（魯序） | | | |
| 載芟 | 毛序<br>箋 | 蔡邕獨斷（魯序） | | | |

| 良耜 | 毛序 | 蔡邕獨斷（魯序） | | | |
|---|---|---|---|---|---|
| 絲衣 | 毛序<br>箋 | 蔡邕獨斷（魯序） | | | |
| 酌 | 毛序<br>箋 | 蔡邕獨斷（魯序） | 漢書：<br>【禮樂志】 | | |
| 桓 | 毛序<br>箋 | 蔡邕獨斷（魯序） | | | |
| 賚 | 毛序<br>箋 | 蔡邕獨斷（魯序）<br>中論（魯說）：<br>【爵祿篇】 | | | |
| 般 | 毛序 | 蔡邕獨斷（魯序） | | | |
| **魯頌** | | | | | |
| 駉 | 毛序<br>箋 | 楊雄法言 | 班固兩都賦序<br>後漢書：<br>【曹褒傳】 | 文選*2：<br>【兩都賦序<br>奚斯頌魯李<br>注引薛君章<br>句】<br>【曹植承露<br>盤銘序】 | |
| 有駜 | 毛序<br>箋 | | | | |
| 泮水 | 毛序 | | | | |
| 閟宮 | 毛序<br>箋 | | | | |
| **商頌** | | | | | |
| 那 | 毛序<br>箋 | 史記：<br>【宋世家】 | 禮記：<br>【樂記鄭注文】 | 後漢書：<br>【曹褒傳李<br>注引韓詩薛<br>君章句文】 | |
| 烈祖 | 毛序<br>箋 | | | | |
| 玄鳥 | 毛序<br>箋 | | | | |
| 長發 | 毛序<br>箋 | | | | |
| 殷武 | 毛序 | | | | |

表格來源：筆者整理。

綜合上表，可知各家引用書目次數如下，另因《毛序》完整保存，故不需援引各書之內容予以還原，此即不做統計（依引用次數由多到少排列）。

## 一、魯　詩

| 所引人名、書名 | 引用次數 | 篇　名 | 備　註 |
|---|---|---|---|
| 蔡邕獨斷 | 31 | | 此即魯序也。<br>王先生特別註明「魯序」，與「魯說」不同。 |
| 劉向列女傳 | 17 | 【魏曲沃負篇】<br>【楚接與妻傳】<br>【貞順篇】 *5<br>【賢明篇】<br>【母儀篇】<br>【孌孼篇】<br>【賢明篇】<br>【漢孝平王皇后傳】<br>【仁智傳】<br>【齊女傳母篇】<br>【秦穆姬傳】<br>【晉弓工妻傳】 | 或稱：<br>列女傳<br>列女 |
| 潛夫論 | 16 | 【班祿篇】 *5<br>【論志姓氏篇】<br>【浮侈篇】<br>【交際篇】 *2<br>【德化篇】<br>【邊議篇】<br>【遏利篇】<br>【忠貴篇】<br>【愛日篇】<br>【斷訟篇】<br>【讚學篇】 | 或稱：王符潛夫論 |
| 史記 | 12 | 【外戚世家】<br>【十二諸侯年表敘】<br>【十二諸侯年表序】<br>【儒林傳敘】<br>【燕召公世家】<br>【衛世家】<br>【秦本紀】<br>【敘傳】 | 【十二諸侯年表敘】與【十二諸侯年表序】同 |

| | | | |
|---|---|---|---|
| | | 【魯世家】<br>【周本紀】*2<br>【宋世家】 | |
| 漢書 | 10 | 【杜欽上書】<br>【韋玄成傳】<br>【儒林傳谷永上疏】<br>【韋玄成傳引劉歆議】<br>【蔡邕諫伐鮮卑議】<br>【劉向傳】<br>【杜鄴傳】<br>【王襃傳四子講德論】<br>【韋玄成傳】<br>【劉向上封事】 | |
| 後漢書 | 9 | 【楊賜傳】*3<br>【皇后紀論】<br>【張衡傳】<br>【杜鄴傳】<br>【楊震傳】<br>【朱穆傳崇厚篇】<br>【李固傳】 | |
| 徐幹中論 | 6 | 【法象篇】<br>【修本篇】<br>【審大臣篇】<br>【藝紀篇】<br>【譴交篇】<br>【爵祿篇】 | 或稱：中論 |
| 法言 | 4 | 【先知篇】<br>【巡狩篇】 | 或稱：楊雄法言 |
| 白虎通 | 4 | 【封公侯篇】<br>【諫諍篇】<br>【巡狩篇】<br>【征伐篇】 | |
| 王充論衡 | 4 | 【謝短篇】<br>【宣漢篇】<br>【須頌篇】<br>【藝增篇】 | 或稱：論衡 |
| 蔡邕琴操 | 4 | | |

| | | | |
|---|---|---|---|
| 說苑 | 4 | 【復思篇】<br>【君道篇】<br>【貴德篇】<br>【尊賢篇】 | |
| 淮南子 | 3 | 【俶眞訓】<br>【氾論訓注】<br>【詮言訓】 | 或稱：<br>高誘淮南<br>淮南 |
| 新序 | 3 | 【節士篇】*2 | |
| 孔叢子 | 3 | | |
| 趙岐孟子章指 | 3 | | 或稱：趙岐孟子章句 |
| 應劭風俗通義 | 2 | | （文選） |
| 蔡邕正交論 | 2 | | |
| 蔡邕協和婚賦 | 2 | | （古文苑） |
| 服虔曰（出自左傳） | 2 | | 或稱：服虔左傳注 |
| 呂覽 | 2 | 【報更篇】<br>【本生篇高注】 | |
| 賈誼新書 | 2 | 【禮篇】 | 或稱：<br>賈子新書 |
| 張衡思玄賦 | 2 | | （未註明出處書籍） |
| 張衡西京賦 | 2 | | |
| 國語 | 1 | | |
| 應劭漢書注 | 1 | | |
| 何晏論語集解 | 1 | | |
| 揚雄法言 | 1 | 【孝至篇】 | |
| 袁宏後漢紀 | 1 | | |
| 蔡邕青衣賦 | 1 | | （藝文類聚、初學記、古文苑同） |
| 蔡邕和熹鄧皇后謚議文 | 1 | | |
| 蔡邕諫伐鮮卑議 | 1 | | |
| 蔡邕宗廟祝嘏詞 | 1 | | |
| 張超青衣賦 | 1 | | （古文苑） |
| 司馬相如上林賦 | 1 | | |

| 鄭玄箋膏肓 | 1 | | |
|---|---|---|---|
| 晉湛方生貞女解 | 1 | | （藝文類聚） |
| 東方朔七諫 | 1 | | |
| 劉向九歎 | 1 | | |
| 何休僖四年公羊傳解詁 | 1 | | 應爲何修解詁《春秋公羊傳注疏》 |
| 楊雄將作大匠箴張衡東京賦 | 1 | | |
| 楊雄博士箴 | 1 | | |

## 二、齊　詩

| 所引人名、書名 | 引用次數 | 篇　　　名 | 備　　註 |
|---|---|---|---|
| 易林 | 94 | 【小畜之小過】<br>【垢之无妄】<br>【晉之同人】<br>【鼎之乾】<br>【乾之革】<br>【否之隨】<br>【復之解】<br>【困之觀】<br>【乾之困】<br>【兌之噬嗑】<br>【師之蠱】<br>【大壯之垢】<br>【无妄之剝】<br>【謙之離】<br>【大過之夬】<br>【明夷之噬嗑】<br>【艮之困】<br>【坤之小畜】<br>【屯之乾】<br>【觀之革】＊2<br>【恒之坤】<br>【萃之賁】 | |

| | | 【豫之睽】 | |
| | | 【升之革】 | |
| | | 【頤之升】 | |
| | | 【家人之同人】 | |
| | | 【咸之家人】 | |
| | | 【震卦】 | |
| | | 【小畜之謙】 | |
| | | 【歸妹之蠱】*2 | |
| | | 【豫之大壯】 | |
| | | 【晉之否】 | |
| | | 【否之損】 | |
| | | 【師之同人】 | |
| | | 【同人之隨】 | |
| | | 【大有之隨】 | |
| | | 【小過之小畜】 | |
| | | 【師之噬嗑】 | |
| | | 【蠱之謙】 | |
| | | 【艮之解】 | |
| | | 【蠱之復】 | |
| | | 【師之隨】 | |
| | | 【比之家人】 | |
| | | 【噬嗑之頌】 | |
| | | 【豫之家人】 | |
| | | 【蒙之困】 | |
| | | 【節之謙】 | |
| | | 【大過之訟】 | |
| | | 【解之蹇】 | |
| | | 【觀之蠱】 | |
| | | 【泰之蒙】（師之中、孚蠱之明、夷節之蹇同） | |
| | | 【師之睽】（觀之升、遯之鼎同。賁之艮多公子奉請，王孫嘉許二語） | |
| | | 【豐之頤】（咸之旅同） | |
| | | 【豐之艮】（漸之鼎同） | |
| | | 【蠱之比】 | |
| | | 【隨之大過】 | |

| | | | |
|---|---|---|---|
| | | 【賁之鼎】 | |
| | | 【夬之屯】 | |
| | | 【屯之大過】（蹇之比、困之訟、中孚之離同） | |
| | | 【泰之否】 | |
| | | 【否之師】（豫之小過、震之屯同） | |
| | | 【困之大壯】 | |
| | | 【睽之萃】 | |
| | | 【巽之蠱】 | |
| | | 【渙之乾】 | |
| | | 【乾之蒙】 | |
| | | 【隨之小過】 | |
| | | 【蠱之歸妹】 | |
| | | 【坤之遯】 | |
| | | 【大觸之蹇】 | |
| | | 【屯之升】 | |
| | | 【家人之頤】 | |
| | | 【井之小畜】 | |
| | | 【呂之漸】（渙之復同） | |
| | | 【夬之震】 | |
| | | 【睽之小過】＊2 | |
| | | 【屯之鼎】 | |
| | | 【訟之既濟】 | |
| | | 【履之夬】 | |
| | | 【師之艮】 | |
| | | 【謙之歸妹】 | |
| | | 【乾之坎】 | |
| | | 【巽之豫】 | |
| | | 【隨之夬】 | |
| | | 【復之兌】 | |
| | | 【井之大有】 | |
| | | 【豫之困】 | |
| | | 【大壯之家人】 | |
| | | 【家人之臨】 | |
| | | 【觀之謙】 | |
| | | 【大過之需】（揆之困同） | |

| 儀禮 | 15 | 【鄉飲酒】<br>【鄉飲酒鄭注】*11<br>【鄉射禮】<br>【大射禮鄭注文】<br>【燕禮】 | |
| 後漢書 | 8 | 【荀爽傳】<br>【郎顗對章曰】<br>【荀爽貽書】<br>【班固奏記東平王蒼曰】<br>【陳寵傳】<br>【祭祀志劉注引東觀書東平王蒼議稱詩傳文】<br>【曹褒傳】 | |
| 詩氾歷樞 | 7 | | 或稱：<br>氾歷樞 |
| 鹽鐵論 | 7 | 【授時篇】<br>【執務篇】<br>【國疾篇】<br>【取下篇】<br>【繇役篇】<br>【通有篇】<br>【和親篇】 | 或稱：<br>桓寬鹽鐵論 |
| 禮記 | 5 | 【射義】<br>【坊記鄭注】<br>【緇衣】<br>【學記】<br>【樂記鄭注文】 | 或稱：禮 |
| 春秋繁露 | 3 | 【郊祭篇】<br>【郊祀篇】<br>【質文篇】 | 或稱：繁露 |
| 吳越春秋 | 2 | 【一】<br>【五】 | |
| 大戴禮 | 2 | 【曾子立孝篇】<br>【勸學篇】 | |
| 詩推度災 | 1 | | |
| 春秋說題辭 | 1 | | |

| 班昭女誡 | 1 | | |
|---|---|---|---|
| 班固離騷序 | 1 | | （未註明出處書籍） |
| 班固幽通賦 | 1 | | 文選 |
| 班固兩都賦序 | 1 | | |
| 曹大家 | 1 | 【鍼縷賦】 | （古文苑） |
| 荀悅申鑒 | 1 | 【時事二】 | |
| 列女傳 | 1 | 【八班婕妤賦】 | |
| 何休公羊傳解詁 | 1 | （昭二十五年） | 應為何修解詁《春秋公羊傳注疏》 |
| 公羊僖四年傳 | 1 | | |
| 正義 | 1 | （鄭於中侯握河紀注云） | |
| 詩含神霧 | 1 | | |
| 班彪北征賦 | 1 | | |

## 三、韓　詩

| 所引人名、書名 | 引用次數 | 篇　　　名 | 備　　　註 |
|---|---|---|---|
| 韓詩序 | 9 | | 或稱：韓序<br>韓序文<br>分別出自：<br>1.文選<br>2.太平御覽（御覽）<br>3.後漢書<br>4.後漢書楊賜傳賢注引<br>5.呂氏讀詩記（呂祖謙讀詩記、呂東萊讀詩記）<br>6.集傳 |
| 後漢書 | 9 | 【明帝紀】<br>【郅惲傳】<br>辥君章句（後漢書）<br>【馬援傳注引韓詩】<br>【東平憲王傳】<br>【李固傳注引辥君傳文】<br>【曹褒傳李注引韓詩辥君章句文】 | |

| 文選 | 6 | 【三十七桓溫薦譙元彥表劉良注曰】<br>【魏文帝雜詩呂向注】<br>【兩都賦序奚斯頌魯李注引薛君章句】<br>【曹植承露盤銘序】 | |
| 韓詩 | 5 | | 分別出自：<br>1.（文選）<br>2.（文選、太平御覽）<br>3.（周禮）<br>4.（後漢書孔融傳李注引韓詩）<br>5.（鈔本北堂書鈔） |
| 周禮 | 3 | 【媒氏疏引張融云】<br>【媒氏】<br>【內司服賈疏】 | |
| 漢書 | 3 | 【王吉傳】*2<br>【王吉傳吉疏】 | |
| 魏志 | 2 | 【陳思王植傳】【曹植疏】 | |
| 韓詩章句 | 1 | | |
| 韓詩傳 | 1 | | （後漢書楊賜傳賢注引） |
| 續漢書 | 1 | | |
| 劉昫舊唐書 | 1 | 【禮儀志】 | |
| 王氏詩攷 | 1 | | |
| 陳思王植令禽惡鳥論 | 1 | | （御覽） |
| 曹植三良詩 | 1 | | |
| 曹植釋思賦 | 1 | | |
| 吳越春秋 | 1 | | |
| 侯苞韓詩翼要 | 1 | | |
| 孔疏引服虔左傳注 | 1 | | |
| 三禮義宗引韓詩內傳 | 1 | | |

表格來源：筆者整理

綜合以上表列數據，可知王先生還原「魯序」主要依據蔡邕《獨斷》，而還原「魯說」所引之書以劉向《列女傳》、王符《潛夫論》、司馬遷《史記》、班固《漢書》、范曄《後漢書》等為最多。還原「齊說」則以焦贛（焦延壽）《易林》為主，班固《漢書》、《儀禮》、宋均注《詩氾歷樞》、桓寬《鹽鐵論》次之。而「韓說」之詩怡則較無集中在專著當中，除范曄《後漢書》略有記載外，大多散落於《文選》、《太平御覽》、《呂氏家塾讀詩記》當中。

《漢書・藝文志》：「漢興，魯申公為詩訓故，而齊轅固、燕韓生皆為之傳，或取春秋，采雜說，咸非其本義；與不得已，魯最為近之。」〔註3〕《漢書》卷八八〈儒林傳〉第五十八對於魯詩的申培有所說明：「申公獨以《詩經》為訓故以教，亡傳，疑者則闕弗傳。」，〔註4〕「疑者則闕弗傳」以及「魯最為近之」，可見魯詩的特色是謹守，此特色亦可從王禮卿先生所引以證魯詩的資料中看出來，就是以史書為主，因為史書的編寫同樣有嚴謹的態度。至於齊詩尚恢奇，其夾雜陰陽五行和讖緯之說的特色，也從王禮卿先生的引書中顯現出來，例如（焦延壽）《易林》和宋均注《詩氾歷樞》等可與齊詩相互印證的著作，大致上與魯詩的說法大異其趣，詳見以下的探討。

## 二、今文經三家之家法傳承

### （一）師法與家法

兩漢經學有今、古文之分，其治經之精神異趣，漢儒解經，多立門戶，故師法、家法生焉。皮錫瑞云：

> 漢人最重師法。師之所傳，弟之所受；一字毋敢出入，背師說即不用；師法之嚴如此。〔註5〕

「師法一詞初為禮法之稱，極道德，籠天地，至荀卿弟子李斯則演變為官守之學之稱。」〔註6〕王先生為還原四家詩怡，述其師傳源流，查考齊魯韓三家所傳弟子之書，徵引其說詩條目臚列其中，為何獨「毛說」底下無條目？其因「今文經說多微言大義，古文則守訓詁章條；說微言大義往往一字寓褒貶，

---

〔註3〕 班固：《漢書》，收入《仁壽本二十六史》（台北：成文出版社，民國60年，初版）冊三，頁1341。

〔註4〕 班固：《漢書》，收入《仁壽本二十六史》冊四，頁1982。

〔註5〕 皮錫瑞：《經學歷史・經學昌明時代》（台北：學海出版社），頁64。

〔註6〕 江乾益：《陳壽祺父子三家詩遺說研究》（台北：國立台灣師範大學國文研究所，民國74年4月），頁32。

訓詁字句則說釋經文而已，故今文經有師法，古文則無。」〔註7〕

然又有所謂「師法」、「家法」之分，其所謂何來？文幸福曰：

漢初傳經嚴於師法，其後傳注則重於家法；嚴於師法者，必立宗主，宗其所宗，故託之孔子刪訂之經，自孔子、子夏、荀子一脈相傳之微言大義，是淵源有自，謂之師法。而家法之起，則起於博士研經，緜立章句，各守門戶，莫或訛雜，衍發其流，專相祖傳，謂之家法。

馬宗霍中國經學史謂：

前漢多言師法，而後漢多言家法；師法家法，名可互施，然學必先有所師，而後能成一家之言。若論其審，則師法者溯其源，家法者衍其流；其間蓋微有不同。師法者，魯丕所謂說經者傳先師之言，非從己出；法異者，各自說師法，博觀其義也。家法者，范曄所謂專相傳祖，莫或訛雜，繁其章條，穿求崖穴，以合一家之說是也。

是則師法者，乃直接聖人相傳之言；惟承受師法者，其氣質稟賦不同，則其得於聖言之深淺，自亦有別，故某經多有某氏之學，雖自言得於某經之師法，然實開某氏家法之端，如詩經有魯、齊、韓、毛四家，皆謂師法有自，其承師法也。而後之專研某氏之學者，則家法也。〔註8〕

以下由王先生所引之書目為主，對照陳喬樅《三家詩遺說考》，藉以明三家詩家法之傳承。

## （二）今文經三家之家法傳承

由王先生所引之書可發現今文經三家之家法傳承。茲分述如下：

### 1. 魯

所引之書以劉向《列女傳》、王符《潛夫論》、司馬遷《史記》、班固《漢書》、范曄《後漢書》等為最多。

陳喬樅《魯詩遺說攷自敍》云：

案魯詩授受源流，漢書章章可攷，申公受詩於浮邱伯，伯者、荀卿

〔註7〕 江乾益：《陳壽祺父子三家詩遺說研究》，頁33。
〔註8〕 文幸福：《詩經毛傳鄭箋辨異》（台北：文史哲出版社，民國78年10月，初版），頁14～15。

門人也。劉向校錄孫卿書亦云：「浮邱伯受業於荀卿，爲名儒。」是申公之學出自荀子。凡荀子書中說詩者，大都爲魯訓所本。今故綴之，列於魯詩，原其所自始也。孔安國從申公受詩爲博士，至臨懷太守，見史記儒林傳。太史公嘗從孔安國問業，所習當爲魯詩；觀其傳儒林首列申公，敘申公弟子首數孔安國，此太史公尊其師傳，故特先之。劉向父子世習魯詩，高郵王氏經義述聞以向爲治韓詩，未足徵信。攷楚元王傳，言元王好詩，諸子皆讀詩，王子郢客與申公俱卒學。申公爲詩傳，元王亦次之詩傳，號元王詩。向爲元王子休侯富曾孫，漢人傳經最重家學，知向世修其業，著說苑、新序、列女傳諸書，其所稱述，必出於魯詩無疑矣。後漢建初四年，下太常將大夫、博士、議郎、郎中及諸生諸儒會白虎觀講議五經同異，使五官中郎將魏應承制問，侍中淳于恭奏帝親制臨決，如孝宣石渠故事，作白虎議奏，今於白虎通引詩皆定爲魯說。以當時會議諸儒如魯恭、魏應，皆習魯詩，而承制專掌問難又出於魏應也。爾雅亦魯詩之學，漢儒謂爾雅爲叔孫通所傳，叔孫通魯人也，臧鏞堂拜經日記以爾雅所釋詩字訓義皆爲魯詩，允而有徵。郭璞不見魯詩，其注爾雅多襲漢人舊義，若犍爲舍人，劉歆、樊光、李巡諸家注解，徵引詩經皆魯家，今文往往與毛氏殊，郭璞沿用其語，如釋故「陽予也」，注引魯詩「陽如之何」；釋草「藍、莒」。注引詩「山有藍」文，與石經魯詩同，尤其確證。熹平石經以魯詩爲主，閒有齊韓字，蓋敘二家異同之說，此蔡邕、楊賜所奉詔同定者也。若夫張衡東京賦改奢即簡制美斯干之語，與劉向傳說詩義合。王逸楚詞（辭）注繁鳥萃棘，負子肆情之解，與列女傳歌詩事同。至如佩玉晏鳴，關雎歎之，臣瓚謂事見魯詩，而王充論衡、楊雄法言，亦並以關雎爲康王之時，仁義陵遲，鹿鳴刺焉。史遷蓋語本魯說，而王符潛夫論，高誘淮南注，亦均以鹿鳴爲刺上之作，互證而參觀之，夫固可以攷見家法矣。〔註9〕

　　由上述可知，太史公、劉向皆受魯詩，其著作所言詩者，必魯詩無疑。漢章帝建武四年會白虎觀講議五經異同，所引詩亦皆魯學。而張衡〈東京賦〉、

---

〔註9〕　陳喬樅：〈三家詩遺說考・魯詩遺說攷自敘〉，收入《叢書集成續編》，第109冊（台北：新文豐出版社，民國78年），頁93。

王逸《楚辭注》、王充《論衡》、楊雄《法言》、王符《潛夫論》、高誘《淮南注》等亦爲魯說。

## 2. 齊

以焦贛（焦延壽）《易林》爲主，班固《漢書》、《儀禮》、宋均注《詩氾歷樞》、桓寬《鹽鐵論》次之。

陳喬樅《齊詩遺說攷自敘》云：

> 先大夫嘗言：漢儒治經最重家法，學官所立，經生遞傳，專門命氏，咸自名家。三百餘年，顯於儒林，雖詩分爲四，春秋分爲五，文字或異，訓義固殊，要皆各守師法，持之弗失，甯固而不肯少變，斯亦古人之質厚，賢於季俗之逐波而靡也。喬樅比補緝齊詩佚文、佚義，於經，徵之儀禮、大小戴禮記；於史，徵之班固漢書、荀悅漢紀；於諸子百家，徵之董仲舒春秋繁露、焦贛易林、桓寬鹽鐵論、荀悅申鑒諸書。皆碻有證據，不逞私臆之見，不爲附會之語，蘄於實事求是而已。夫轅生以治詩爲博士，諸齊以詩貴顯者，皆固之弟子，而昌邑太傅夏侯始昌最明，始昌通五經，后蒼事始昌，亦通詩禮，爲博士。訖孝宣世，禮學后蒼最明，戴德、戴聖、慶普皆其弟子，三家立于學官，詩禮師傅既同出自后氏，則儀禮及二戴禮記中所引佚詩，皆當爲齊詩之文矣。鄭君本治小戴禮，注禮在箋詩之前，未得毛傳，禮家師說，均用齊詩；鄭君據以爲解，知其所述，多本齊詩之義，故鄭志答炅模云：「坊記注以燕燕爲夫人定姜之詩，先師亦然。」先師者謂禮家師說也。齊詩有翼匡詩伏之學，班固之從祖伯，少受詩於詩丹，誦說有法，故叔皮父子世傳家學，漢書地理志引「子之營兮」及「自杜沮漆」，竝據齊詩之文。又云：「陳俗巫鬼，晉俗儉陋」，其語亦與匡衡說詩合；是其驗已。荀悅叔父爽，師事陳寔，寔子紀傳齊詩，見陸德明經典釋文。後漢書言荀爽嘗著詩傳，爽之詩學，太邱所授，其爲齊學明矣。轅固生作內外傳，荀悅特著於漢紀，尤足證荀氏家學皆治齊詩，故言之獨詳耳。至如公羊氏本齊學，治公羊春秋者，其於詩皆偁齊；猶之穀梁氏爲魯學，治穀梁春秋者，其於詩亦偁魯也。董仲舒通五經，治公羊春秋，與齊人胡毋生同業，則習齊可知。易有孟京卦氣之侯，詩有翼奉五際之要，尚書有夏侯洪範之說，春秋有公羊灾異之條，皆明於象數，善推禍

福，以著天人之應，淵源所自，同一師承，確然無疑。孟喜從田王孫受易，得易家候陰陽灾變書。喜即東海孟卿子，焦延壽所從問易者，是亦齊學也。故焦氏易林皆主齊詩說。豈僅甲戌己庚達性任情之語，與翼氏齊詩言五性六情合。亥午相錯敗亂緒業之辭，與詩氾厤樞言午亥之際爲革命合巳哉。若夫桓寬鹽鐵論，以周南之罝兔爲刺，義與魯韓毛迥異。以邶風之鳴燕爲鴩，文與魯韓毛竝殊，又其顯然易見者耳。夫以二千餘年湮沒無傳之絕學，墜緒茫茫，苟能獲其單詞隻義，已不啻吉光片羽，良可寶貴；況乎沿流溯源，尚有涯涘之可尋，則雖未足以盡梗概，而其佚時（詩）時見於他說者，猶存什一於千百，抑不可謂非幸也。〔註10〕

可知班固因受詩於詩丹（乃齊詩學者），故所作《漢書》所引之詩多齊義；而董仲舒治公羊春秋，與齊人胡毋生同業，故其著作《春秋繁露》所引詩說，亦必齊學；另如焦贛《易林》、桓寬《鹽鐵論》等之引詩說詩，亦爲齊說。

### 3. 韓

「韓說」之詩恉則較無集中在專著當中，除范曄《後漢書》略有記載外，大多散落於《文選》、《太平御覽》、《呂氏家塾讀詩記》當中。

陳喬樅《韓詩遺說攷‧自敘》云：

今觀外傳之文，記夫子之緒論，與春秋雜說，或引詩以證事，或引事以明詩，使爲法者彰顯，爲戒者著明，雖非專於解經之作，要其觸類引伸，斷章取義，皆有合於聖門商賜言詩之意也。〔註11〕

可知韓生說詩乃雜采眾說，多觸類引申之言，故王先生所分之「三義」中，「推衍義」一類爲韓詩所佔多數，由此也可看出韓氏一門解詩之特色。然三家詩中，韓詩爲最後亡，又爲何所能還原詩恉之文爲最少？乃因「韓詩以博采成學，齊說多有與毛魯同者，與齊詩復渠徑相通，由劉向著說苑，列女傳，新序取材多與韓詩外傳同，而薛漢傳韓詩復通圖讖，可窺其消息也。」〔註12〕

江乾益先生云：

自韓生爲詩內外傳，韓詩之傳不絕，其盛時有二：一則韓詩之有王、

〔註10〕陳喬樅：〈三家詩遺說考‧齊詩遺說攷自敘〉，收入《叢書集成續編》，第109冊，頁378～379。

〔註11〕陳喬樅：〈三家詩遺說考‧韓詩遺說攷自敘〉，收入《叢書集成續編》，第109冊，頁552。

〔註12〕江乾益：《陳壽祺父子三家詩遺說研究》，頁224。

食、長孫之學也，一則薛氏之學也，皆徒眾至盛，傳業不絕。韓詩之
著作內外傳之外，薛氏爲章句，杜撫訂之。而趙煜詩細歷神淵，覩蔡
邕之言，殆王充論衡之屬，雜著之言，非解詩之作也。又有張匡、杜
瓊著章句，載在蜀志；侯包翼要，錄在隋志，惜皆不傳。〔註13〕

由此可知，韓詩一門雖有著作，然惜皆不傳，而於詩恉之論述也不多，故王
先生所引之書亦少於魯、齊二家。

## 三、所引書籍與四庫的對應

王先生所引之書若以四庫之學分之，可得：

### 1. 經　部

禮記、儀禮、大戴禮、春秋說題辭、春秋繁露、公羊傳、箴膏肓、周禮、
王氏詩攷、月令章句等。

### 2. 史　部

史記、漢書、後漢書、國語、吳越春秋、魏志、舊唐書、風俗通義、列
女傳、後漢紀等。

### 3. 子　部

易林、淮南子、列女傳、論衡、鹽鐵論、說苑、孔叢子、琴操、白虎通
義、獨斷、中論、法言、新序、潛夫論、風俗通義、呂覽、（賈誼）新書、（荀
悅）申鑒等。

### 4. 集　部

文選及漢賦，包含班固、蔡邕、揚雄、張衡、張超、司馬相如等人之作
品。

由此可知王先生所引之資料，遍及經史子集四部，而攷之引書，亦可觀
齊魯韓三家詩學之傳承。其以眾書還原四家詩恉之面貌，在此基礎之下，書
中接下來的論述才有所憑藉，由此除可觀先生學養之豐外，也爲後世研究者
省去搜羅資料之苦，功勞可謂大矣！

---

〔註13〕江乾益：《陳壽祺父子三家詩遺說研究》，頁60。

# 第六章　《四家詩恉會歸》中的義疏之學
## ——以二南爲範圍

　　《四家詩恉會歸》中的【義疏】，所佔篇幅極大，王先生云其書：「詳具義疏，即文字訓詁，名物制度之攷釋。經傳文詞簡古，通叚至多，演繹繁遠，必博徵衆證，得其正解，始合治經之法。」〔註1〕由此可看出王禮卿先生對義疏之學的重視。而在徵引之書目上，王先生認爲：「義疏爲漢學治經之主流，必博極羣書，精於小學，邃於經旨，始克裒成一家之專著。深媿皓首窮經，而無此學力，爲多徵引陳氏奐《詩毛詩傳疏》，胡氏承珙《毛詩後箋》，馬氏瑞辰《毛詩傳箋通釋》，陳氏啓源《毛詩稽古編》，及清儒治詩諸籍，託先賢之精詣，濟拙著之一得。」〔註2〕雖爲謙沖之詞，亦可看出王先生對義疏之學的重視，本章即擬對此做探討與研究。

　　然因全書卷帙浩大，筆者倘若將三百篇逐一分析，恐力有未逮，思及孔子曾對伯魚說：「女爲周南、召南矣乎？人而不爲周南、召南，其猶正牆面而立也與！」〔註3〕由此可知二南篇章之重要性。故以下先以〈周南〉、〈召南〉二風爲主，探討、分析其中詩篇之義疏，藉此以窺書中之堂奧。

## 一、義疏之濫觴

　　義疏之學，興於南北朝時期，溯其來源，大抵不出以下三類：漢人章句、晉人經義、佛典疏鈔。而義疏的興起「初緣於講經之風，效佛教升座說法的

---

〔註1〕　王禮卿：《四家詩恉會歸·凡例》第八，冊一，頁4。
〔註2〕　王禮卿：《四家詩恉會歸·凡例》第十三，冊一，頁5。
〔註3〕　《十三經注疏·論語·陽貨》，頁156。

方式，講論經義，然後形諸文字，便是講疏。」〔註4〕簡博賢曰：

> 義疏之名，雖見於晉世；然義疏之體，實成於六朝。若論先河後海
> 之義，則晉世經義、佛典疏鈔實肇其端始；而兩漢章句，則其遠源
> 也。……是義疏者，實傳注之流亞也。〔註5〕

今試以此三類，略述義疏之濫觴。

## （一）漢人章句

漢人講授章句，多以口耳相傳、逐句解經為主，其「逐句闡釋，分章講
論，為體之例，正與義疏相同。」〔註6〕漢時，今文三家列於學官，講經多
注重微言大義之闡發，而「講經之章句，多分章論述，而逐句詮解之，故說
五字之文，乃至於二三萬言，此雖兩漢章句之弊，然其特質，亦由此而得見。」
〔註7〕

林師葉連以為：

> 漢初經師但傳訓詁，通其大義，「疑者則闕弗傳」。至宣帝時，博士
> 官為：一便於教授，二便於博士弟子應試，三便於應敵起見，漸有
> 章句之學興起。應敵者，如石渠奏議，講五經異同，若不分章逐句
> 為說，但訓故舉大義，則易為敵所乘也。故章句必具文，即分章斷
> 句，具備原文而逐一詳解，遇有不可說處，已不能略去不說，於是
> 不得不左右采獲，往往陷於勉強牽引。以為飾說。〔註8〕

「流行於西漢末、東漢初的章句之學，是今學博士用來詮釋經書的一種方式。
最早的章句形式，除了對字、詞的解釋外，還兼疏通文義。」〔註9〕戴君仁亦
曾云：

> 章句不是──或不僅是──零星的詞和字的解釋，而是整段逐句
> 的文義解釋。至於解故，現存漢人經注，……毛傳多為單詞隻字

---

〔註4〕 林登順：《魏晉南北朝儒學流變之省察》（台北：文津出版社，民國 85 年 4 月），
頁 219。

〔註5〕 簡博賢：《今存南北朝經學遺籍考》（黎明文化，民國 64 年），頁 2。

〔註6〕 簡博賢：《今存南北朝經學遺籍考》，頁 2。

〔註7〕 康秀姿：《孔穎達《毛詩正義》解經探論》（台中：國立中興大學中國文學系，
民國 87 年 6 月），頁 54。

〔註8〕 林葉連：《中國歷代詩經學》，頁 179。

〔註9〕 林慶彰：〈兩漢章句之學重探〉，收入《中國經學史論文選集》上冊（台北：
文史哲出版社，民國 81 年 10 月，初版），頁 292～293。

的解釋，而沒有逐句文義的說明；何休解詁也不逐句解釋，只是
微言大義的申發。據此，解故想是預備傳世之作，不是講的；而
章句則是對弟子們講的，如現在學校中的講義。講義可以印出來，
章句也可以寫定。我想漢儒的章句，應是南北朝義疏之祖。〔註10〕

故可知，漢人解經偏重「整段逐句的文義解釋」，〔註11〕所謂「章句」亦可說
是學校中的講義，用以授課、應試，可說爲義疏之前身。

## （二）晉人經義

戴君仁以爲經義的辯難，在西漢時已有，而至東漢，辯難之風仍盛。「經
義辯難，不僅對後來義疏發生影響，並且這種風氣，實導致了魏晉名理的產
生。」〔註12〕雖說晉人尙簡，與漢代章句、後世義疏繁重的情形不同，「然而
它發明理旨，很近章句；依人起意，很像義疏。所以上承章句，下開義疏，
當是晉人的經義。」〔註13〕

而康秀姿採戴氏之說，認爲「關於晉世經義與義疏之相關性、朱彝尊《經
義考》所錄列之晉人以義名書等易類著作，凡十餘條。諸書雖盡亡佚，然戴
氏君仁即據此而論『義』之性質。就其所考，所謂義者，當爲論述義理之作，
而非訓詁字義之作。就其發明理旨之特性言之，殆近章句；就其依人起意之
特性言之，則近義疏。是晉人經義，實乃上承章句，下啓義疏，而爲章句、
義疏間之銜接者也。」〔註14〕

## （三）佛典疏鈔

湯用彤以爲「梁世皇侃作《論語集解義疏》，其行文編制，頗似當世佛經
注疏。」〔註15〕牟潤孫亦云：

> 昔者，先師柯鳳蓀先生嘗告潤孫曰：「羣經義疏仿自釋氏者也。」……
> 前年重讀南北史與高僧傳，豁然得其端緒，而後知先師之說誠確然
> 不可疑易。撰疏一事，非僅爲詁經之書創闢新體例，即在我國學術

---

〔註10〕戴君仁：〈經疏之衍成〉，收入《經學論文集》（台北：黎明文化事業有限公司，
民國 71 年 10 月，再版），頁 108。

〔註11〕戴君仁：〈經疏之衍成〉，《經學論文集》，頁 108。

〔註12〕戴君仁：〈經疏之衍成〉，《經學論文集》，頁 114。

〔註13〕戴君仁：〈經疏之衍成〉，《經學論文集》，頁 119。

〔註14〕康秀姿：《孔穎達《毛詩正義》解經探論》，頁 55。

〔註15〕湯用彤：《漢魏兩晉南北朝佛教史》（台北：臺灣商務印書館，民國 80 年 9 月，
臺二版），下冊，頁 469。

> 史上思想史上亦爲大事因緣，影響極爲深遠。至於其中關鍵所繫，
> 厥爲儒家講經之採用釋氏儀式一端。僧徒之義疏或爲講經之紀錄，
> 或爲預撰之講義，儒生既采彼教之儀式，因亦仿之有紀錄有講義，
> 乃製而爲疏。講經其因，義疏則其果也。〔註16〕

戴氏、牟氏經考證，均認爲義疏之前身即源自佛經注疏，由此可知，義疏之體，除源於漢人章句、晉人經義之外，亦頗受佛典疏鈔之影響。

## 二、義疏體例之探討

義疏之作，旨在疏通經義，俾使經說大意更爲顯明。其爲「經說注釋體裁的變革，也是經說內容的變異，它的產生起因於對前代各經說體裁及內容的吸收，以及融通玄、佛學等因子。」〔註17〕

馬宗霍曾言：

> 緣義疏之興，初概由於講論。兩漢之時，已有講經之例，石渠閣之
> 所平，白虎觀之所議，是其事也。魏晉清談，把塵樹義，相移成俗，
> 談玄以談經，而講經之風益盛。南北朝崇佛教，敷座說法，本彼宗
> 風，從而效之，又有升座說經之例。初憑口耳之傳，繼有竹帛之著，
> 而義疏成矣。〔註18〕

馬氏之言概括義疏產生之因，前節亦已說明義疏之學頗受佛典疏鈔之影響，據戴榮冠研究指出，佛典對義疏之影響有二：佛經科判、合本子注。〔註19〕佛經科判即「分判章節，隨文解經」，〔註20〕而合本子注則是「取一經本作爲母本，而廣採諸家各本進行比較，使經義能夠明瞭。」〔註21〕湯用彤於《漢魏兩晉南北朝佛教史》中所言之「會譯」即爲「合本子注」。湯氏言：

> 《祐錄》卷十，載其序文曰，

---

〔註16〕牟潤孫：〈論儒釋兩家之講經與義疏〉，《注史齋叢稿》（台北：台灣商務印書館，民國79年6月，台灣初版），頁240。詳細之考證亦見〈論儒釋兩家之講經與義疏〉一文。

〔註17〕戴榮冠：《南朝儒經義疏之時代特色》（台南：國立成功大學中國文學研究所，民國94年6月），頁1。

〔註18〕馬宗霍：《中國經學史》（台北：學海出版社，未著明出版年月），頁85～86。

〔註19〕詳見戴榮冠：《南朝儒經義疏之時代特色》，頁15～20。

〔註20〕戴榮冠：《南朝儒經義疏之時代特色》，頁18。

〔註21〕戴榮冠：《南朝儒經義疏之時代特色》，頁18。

序二百六十五字，本二千六百八十五字，子二千六百七十字，

凡五千九百二十字，除後六行八十字不在計中。

此書何列經文，有似會譯。而分列事數，取一經文爲母，其他經事

數列爲子。雖非注疏，然亦係師嚴氏之意。後世之會譯子注，蓋均

原出於此。而其最初則似由於漢代講經之法也。〔註22〕

由此可知，所謂「合本子注」（或稱「會譯」）均指在注解時，採一家之說爲
本，另援引眾說做爲考校異同之資料，如此一來，既可比較其優劣，亦不失
於繁複，而王禮卿先生在其書之「義疏」亦採此法。

顧濤將義疏的解說方式分爲七種：

1. 總括文義：對一章或一句進行總括式的說明。
2. 訓釋詞義：拾出詞或詞組逐個訓釋其詞義或在上下文中所指。
3. 串講句義：對一句或幾句進行連貫的講解。
4. 補充疏釋：對經、注文的重點、特點和難點予以補充解釋。
5. 延伸擴展：由經文某一點進行發揮，所論與經文關係較遠。
6. 徵引成說：引用前人或時人的說解或問答語。
7. 施加案語：對所引材料做出說明或評論。〔註23〕

以上所呈現之面向近乎面面俱到，筆者試以此爲基準，分析王禮卿先生
呈現於《四家詩恉會歸》的義疏之學，以下試舉例說明之。

## （一）總括文義：對一章或一句進行總括式的說明。

「總括文義」乃疏者對所疏之一章或一句進行總括式的說明，或論此章
宗旨，或隨句釋義，可以說是「歸納經說，指名經義的敘述，這種方式當可
追溯至漢代，如《詩序》的寫作，即是運用『總括文義』的方式」，〔註24〕舉

---

〔註22〕 湯用彤：《漢魏兩晉南北朝佛教史》，上冊，頁 116。

〔註23〕 顧濤：《皇侃論語義疏研究》（南京大學碩士論文），轉引自戴榮冠：《南朝儒
經義疏之時代特色》，頁 36。

戴榮冠認爲，關於疏文歸納之法，以顧濤之解說方式爲最佳，「日人山本建一
曾對疏文歸納爲五類：1.章的總括，2.訓詁語釋，3.譯文，4.補足說明，5.引用。
陳金木先生則進一步歸納爲六項：1.總括大意，2.詞意解釋，3.譯文，4.補充
說明，5.援引注家，6.疏解用語。孫欽善先生則歸類爲『引證』、『訓詁』、『串
釋』以及『就他人之說所加的按語』四項。而顧濤先生綜合各家說法，將解
說方式分爲七種」，綜上所述，筆者乃採顧濤之分類法。以上內容詳見戴榮冠：
《南朝儒經義疏之時代特色》，頁 36。

〔註24〕 戴榮冠：《南朝儒經義疏之時代特色》，頁 39。

例如下：

〈周南・樛木〉：「南有樛木」

王疏：

> 南有樛木，傳釋南爲南土，箋「南土爲荊揚之域。」陳奐云「傳釋
> 南爲南土，與南國異。南國在江漢荊州，猶不及揚州；南土則近在
> 岐周之地也。周南十一篇皆文王岐周之詩，漢廣、汝墳、及於南國
> 矣。麟止以應關雎；此樛木及螽斯、桃夭、兔罝、芣苢、皆詠后妃，
> 坿於關雎、葛覃、卷耳、三詩之後，則亦岐周也。」【徵引成説】案：
> 南有樛木爲興詞，詩人覽物起興，必即其地以爲言。此詩詠后妃逮
> 下不妬之德，繫關雎等三詩之後，螽斯之前，當爲文王早年之詩，
> 近畿之人所做，其時尚未化及六州也。【總括文義】南土當泛言岐周
> 之南，非荊揚之域，陳說較長。【施加案語】（《四家詩恉會歸》，冊
> 一，頁 169）

此文包含了「總括文義」、「徵引成說」、「施加案語」三者。疏文先引《傳》、
《箋》及陳奐《疏》，〔註25〕先釋何謂「南」也，臚列三家說法以備，續以案
語先總括一詩之文義，言此詩之旨爲「詠后妃逮下不妬之德」，點出詩恉，並
由此詩之排序判斷成詩爲何時，後總言《傳》所謂「南土」當泛指岐周之南，
非《箋》所言爲荊揚之域，判定陳奐之疏爲長，對所引材料判定孰優孰非，
爲「施加案語」也。

〈周南・樛木〉：「福履成之」

王疏：

> 福履成之，説文「成、就也。从戊，丁聲。戚、古文。」王先謙云
> 「成從午，萬物丁實而長大，此物之終也，故詩終言之。」案：成
> 有終義，故詩以成殿卒章，有福履訖終之意焉。【總括文義】（《四家
> 詩恉會歸》，冊一，頁 170）

王先生釋「成」之字總括卒章文義，詩以「成」字爲卒，乃因其有萬物之終
之意，故以此代表福履訖終之意。

〈周南・芣苢〉：「采采芣苢，薄言采之，采采芣苢，薄言有之。」

王疏：

---

〔註25〕指陳奐：《詩毛氏傳疏》。

此詩節短意長，按章遞進，以極其往復纏綿之遠致，故不遑爲泛言
之章也。嚴粲云「有、言采而得之，爲已所有也。」蓋野生之茉莒，
采之即歸我有，故以有次采之後。既采者雖爲所有，復進而掇其落
實，更進而多捋其未落之實，以示所愛之殷，較有爲進，故以有次
掇、捋之前。【總括文義】（《四家詩恉會歸》，冊一，頁 193）

王先生以詩之首章簡言其詩體例，「節短意長，按章遞進，以極其往復纏綿之
遠致」，並言何以采之、有之寫在掇、捋之前，其因爲「既采者雖爲所有，復
進而掇其落實，更進而多捋其未落之實，以示所愛之殷，較有爲進，故以有
次掇捋之前。」引出次章之旨。

### （二）訓釋詞義：拎出詞或詞組逐個訓釋其詞義或在上下文中所指。

〈周南・關雎〉：「在河之洲」

王疏：

> 説文州下云「水中可居曰州。周繞其旁，从重川。詩曰：在河之洲。」
> 徐鉉云「今別作洲，非是。」爾雅釋水「水中可居者曰州。」兩書
> 俱作州，是毛作洲非是。説文所引者當爲三家文也。【訓釋詞義】詩
> 言在河之洲者：以州上有林木，即韓詩章句所釋「以聲相求，必於
> 河之洲隱蔽無人之處」之義也。陳奐云「水經注漾水、即洽水。古
> 莘國地在洽水北，而東鄰大河，其河渚疑即河州故處。余友嘉定朱
> 右曾詩地理徵云：文王后妃太姒、郃陽人也，故詩人詠之，以河州
> 起興。今陝西同州府郃陽縣東四十里，大河經流。」是又明河州兼
> 即事之興也。【補充疏釋】（《四家詩恉會歸》，冊一，頁 133）

辨明「洲」、「州」二字，舉《說文》、《爾雅・釋水》二書爲證，以爲詩毛作
「洲」非是。後以陳奐之言補充疏釋，明河州兼即事之興也。

《周南・葛覃》：「爲絺爲綌」

王疏：

> 爲絺爲綌，説文「絺、細葛也。綌、麤葛也。」與傳義同。韓以結
> 辟分訓絺綌者：顧震福云：「説文：結、締也；締、結不解也。釋名：
> 結、束也。柏舟釋文：辟、本又作擘。孟子滕文公篇：妻辟纑。高
> 士傳作擘纑。喪大記：絞、一幅爲三，不辟。正義：古字假借，讀
> 辟爲擘。詩言：績葛爲布，結束使密則精，擘分使疏則粗也。」是

韓毛訓異意同也。【訓釋詞義】（《四家詩恉會歸》，冊一，頁 149）
釋絺、綌之不同，韓、毛二家看似不同，經顧震福疏解後，二家實乃訓異意
同，此亦消弭今文、古文之別也。

《周南‧桃夭》：「桃之夭夭」

王疏：

> 桃之夭夭，說文「枖、木少盛貌。从木，夭聲。詩曰：桃之枖枖。」
> 小箋云「夭夭，即枖枖之假借也。」易林及大學俱作夭，是齊與毛
> 同，作枖者魯韓字。魯韓正字，毛齊借字也。傳訓少壯，許訓少盛，
> 義同。【訓釋詞義】（《四家詩恉會歸》，冊一，頁 180）

王先生舉四家詩之釋「夭」字，辨明何為正字、何為借字，魯、韓釋「夭」
看似與毛、齊相異，然實為同字，乃正字、假借之不同而已。

《周南‧汝墳》：「伐其條枚」

王疏：

> 伐其條枚，說文：「伐、擊也。从人持戈。」又云「條、小枝也。枝、
> 木別生條也。枚、榦也」廣雅訓條為枝。易林伐樹斬枝，樹謂枚，
> 枝謂條。並與傳訓同。【訓釋詞義】（《四家詩恉會歸》，冊一，頁 212）

以《說文》釋「伐」之意為擊也，並分別條、枚二者之不同。

《周南‧汝墳》：「王室如燬」

王疏：

> 王室如燬，毛作燬，訓火，爾雅釋言同。郭注「詩曰：王室如燬。
> 燬、齊人語也。」釋文「燬音毀。齊人謂火曰燬。」準此，是齊詩
> 當亦作燬。魯作毀者：列女傳言「迫於暴虐」，則亦以為紂政暴虐，
> 正釋王室如燬。是殆以毀為燬之渻字或借字，非有他義。涵作烜訓
> 烈火者：說文「烜、火也。詩曰：王室如烜。」是四家字異義同也。
> 【訓釋詞義】（《四家詩恉會歸》，冊一，頁 213）

王先生在此將四家詩之異字列出，並加以解釋，無論是毀、燬或烜，皆為火
之意，故可得四家對此字之釋乃「字異義同」也。

《召南‧鵲巢》：「百兩將之」

王疏：

> 百兩將之，爾雅釋言「將、送也。」孫炎注「將者，行之送也。」

孔疏引左傳云「凡女嫁於敵國，姊妹則上卿送之，公子則下卿送之；
凡大國，雖公子亦上卿送之。」韓奕云「諸娣從之，祁祁如雲」。是
皆將之之義也。【訓釋詞義】（《四家詩恉會歸》，冊一，頁 225）

訓釋詞義可說是義疏之基礎，由上述舉例亦可知道，王禮卿先生在解釋詩中
字詞名物時，要簡不繁，以字書（《說文》、《爾雅》等）、傳疏（《毛傳》、《鄭
箋》、孔疏、陳奐《詩毛氏傳疏》等）爲基礎，針對有疑異的部份，援引眾書
加以比較，分析、評論後，爲其做出定論。除補充舊注之闕外，亦改正舊注
之誤。

### （三）串講句義：對一句或幾句進行連貫的講解。

〈周南·兔罝〉：「肅肅兔罝，施于中林。糾糾武公，公侯腹心。」

王疏：

施于中林，正月「瞻彼中林」。傳亦云「中林、林中也。」○公侯腹
心，傳云可以制斷公侯之腹心者：本左傳制其腹心之制字，而非用
其義。蓋左傳謂公侯能自制其腹心，此則謂武公能制斷公侯之腹心；
即參予公侯（侯）密勿之任，而爲其腹心之臣，孔疏云「臣之倚用，
如己腹心。」是其義也。若張子房之與漢高帝，諸葛公之與劉先主，
皆其例矣。或謂制斷爲「制斷其貪冒侵欲」，則以貪冒侵欲爲腹心，
與詩傳意俱戾。且首章干城爲守土之任，次好仇爲副貳之任，此腹
心爲密勿大計之任，皆就賢者之才能，以輕重次弟（第）言之，文
義甚明，傳義亦明。若末以制貪冒侵欲爲言，似亦不倫。【串講句義】
（《四家詩恉會歸》，冊一，頁 188）

王先生於此詩之末，藉由「公侯腹心」一詞，串講全詩。其舉張子房之與漢
高帝、諸葛公之與劉先主二例，言詩「糾糾武公，公侯腹心」，意指武公爲公
侯腹心之臣矣，後並針對「制斷」一詞作解釋，認爲若「制斷」釋爲「制斷
其貪冒侵欲」則與詩傳意相悖，反觀首章及次章之文意，釋作「求賢而得」
之意則較符合詩意。

〈周南·麟之趾〉：「麟之趾」

王疏：

麟之趾，說文「麐、大牝鹿也。麒、仁獸也。麐、牝麒也。」是麟
爲麐之借字。史記司馬相如傳索隱引張揖曰「雄曰麒，雌曰麟。」

亦用借字。趾、釋文作止。止、趾、古今字。爾雅「止、足也。」
【訓釋詞義】傳云興者：廣雅釋獸「麒麟步行中規，折還中榘，不
履生蟲，不折生草。」是其趾之仁，故詩首以麟趾興公子之仁厚，
其義竝貫下兩章，此所興之一義也。正義云「言信而應禮，則與左
氏說同，以爲修母致子也。服虔哀十四年左傳注云：視明禮修而麟
至，思睿信立白虎擾，言從義成則神龜在沼，聽聰知正而名山出龍，
貌恭體仁則鳳皇來儀。騶虞傳云：有至信之德則應之，是與左傳說
同也。說者又云：人臣則修母致子應。以昭二十九左傳云：水官不
修則龍不至，故也。人君則當方來應。」故傳以信而應禮、以足至、
爲釋，信者、言其效應之必也。所以興公子之信厚，能應關雎之化，
其義亦貫下兩章，此所興之又一義也。【串講句義】（《四家詩恉會
歸》，冊一，頁219）

王先生針對「麟之趾」一句進行說明，先釋瑞獸「麒」、「麟」之別，再云《傳》
所謂「趾、足也。」與《爾雅》「止、足也。」，所釋爲同也，因止、趾二字
爲古今字。後並言首句「麟之趾」如何興公子之信厚，因其「步行中規，折
還中榘，不履生蟲，不折生草。」爲仁慈之瑞獸，其義亦貫詩之次章、末章。

「串講句義」可對一句或數句進行講解，如何分章斷句取決於疏家，形
式上較具彈性，亦有較大之發揮空間。

### （四）補充疏釋：對經、注文的重點、特點和難點予以補充解釋。

〈周南・關雎〉：「關關雎鳩」傳：「雎鳩，王雎也。鳥摯而有別。」

王疏：

傳云鳥摯而有別者：釋文「摯、本亦作鷙。」郭注引毛傳亦作鷙。
摯虞槐樹賦「嘉別鷙之王雎。」文心雕龍比興篇「關雎有別，后妃
方德：德貴其別，不嫌於鷙鳥。」是皆以摯鷙字通，謂雎鳩爲猛鷙
之鳥也。【訓釋詞義】鄭箋云「鷙之言至也。謂王雎之鳥，雌雄情意
至，然而有別。」是以雎鳩爲情至之鳥也。張衡歸田賦「王雎鼓翼，
鶬鶊哀鳴，交頸頡頏，關關嚶嚶。」鼓翼、狀王雎之求雌，即「雄
雉于飛」之義。頡頏、嚶嚶、竝承鶬鶊。交頸、關關、竝承王雎，
即形其情意之至。足爲箋說之證。【補充疏釋】惟其情至而又有別，
斯所以可貴，而雌雄有和洽之情態，詩不得以關關形其聲，傳亦不
以和諧明其義矣。竊以箋釋爲勝也。【施加案語】（《四家詩恉會歸》，

冊一，頁 133）

此文包含訓釋詞義、補充疏釋及施加案語三類。傳云鳥摯而有別者，王氏先以《釋文》、《郭注》引毛傳、摯虞〈槐樹賦〉、《文心雕龍・比興》說明「摯鷙字通」、「睢鳩爲猛鷙之鳥」，訓釋其詞義。再以張衡〈歸田賦〉證鄭箋之說「睢鳩爲情至之鳥也」，補充說明睢鳩何以被稱爲「王睢也」，使經說更加完備。下續申「惟其情至而又有別，斯所以可貴，而雌雄有和洽之情缺，詩不得以關關形其聲，傳亦不以和諧明其義矣。」綜上所述，王先生認爲以箋釋爲勝。

〈周南・葛覃〉：「黃鳥于飛」

王疏：

案：黃鳥、詩凡五見。凱風：睍睆黃鳥。傳云「睍睆、好貌。」秦風黃鳥：交交黃鳥。傳云「交交、小貌。」小雅黃鳥：黃鳥黃鳥。傳云「黃鳥宜集木啄粟者。」小雅緜蠻：緜蠻黃鳥。傳云「緜蠻、小鳥貌。」而此云「黃鳥、搏黍也。」五處詩義傳訓俱不盡同，故諸儒遂有黃鶯、黃雀兩說。……是一物數名之鶬黃爲黃鶯，爾雅之皇爲黃雀，而同有黃鳥之名。準此，竝依詩、傳、義觀之，則秦風黃鳥、小雅黃鳥及緜蠻、皆爲黃雀。凱風以睍睆狀其顏色之美好，此詩以喈喈形其和聲之遠聞，非黃鶯不足以當之。說文：「離黃、倉庚也。鳴則蠶生。」七月篇「春日載陽，有鳴倉庚。」箋亦謂「倉庚鳴其可蠶之候。」與此葛葉萋萋時正合。故釋此詩黃鳥即倉庚，亦即黃鶯者，其說爲勝。【補充疏釋】（《四家詩怡會歸》，冊一，頁 147）

此處針對「黃鳥」一詞進行疏解，王先生以經解經，舉出「黃鳥」曾在《詩》中何處出現，列出傳訓，說明何以諸儒有黃鶯、黃雀兩說之別。後引諸多資料考證，如《方言》、高誘《淮南子注》、《呂覽》、《文選》、《爾雅》……等，得此所云之「黃鳥」即爲黃鶯是也。

〈召南・采蘩〉：「被之僮僮，夙夜在公。被之祁祁，薄言還歸。」

王疏：

被之僮僮、被之祁祁，被、箋云「禮記：主婦髲鬄。」釋文「鬄、本亦作髢。」案少牢作「被錫。」追師「掌王后之首服，爲副、編、次。」賈疏「復編次以待祭祀賓客。」鄭注云「副之言覆，所以覆首爲之飾，其遺象若今步繇矣。服之以從王祭祀。編、編列髮爲之，

其遺象若今之假紒矣。服之以告桑也。次、次第髮長短爲之,所謂
髮髢。服之以見王。王后之燕居,亦纚笄總而已。凡諸侯夫人於其
國,衣服與王后同。」王先謙云「髮髢所以益髮美觀,假紒則編成
以冠首,從而施步搖於其上,爲首服極盛之飾,惟其祭用之。告桑
則有編次而不用副,見王則有次而不用編,其服遞殺。燕居爲纚笄
總而已,竝次不用。文義甚明,非謂從祭止用副而無編次也。鄭但
引禮髮髢證此詩之被者:以彼文被褕義 ,舉其一端;下言僮僮,
而被上盛飾自見,副編次分三物,與鄭説同。非纍呂據時制一一剖
析,詩禮古義並就湮廢矣。」【徵引成説】案先謙申鄭,明審可據。
鄭訓被爲髮髢,爲舉次之一端;傳訓首飾,亦舉副之一端而言。鄭
舉其初飾,傳舉其極飾,兩義可互成而明,初非違戾。特古訓言簡,
文不必具,易起後儒爭疑,得此論而其制晰矣。【補充疏釋】(《四家
詩恉會歸》,冊一,頁 229)

王疏引鄭注、先謙之言,説明「被」之義,兩義可互成而明,非所違也。經
王先生補充説明後,經義當更加顯明。

疏者針對經注中之重點、特點或難點加以解釋、發揮,使其更加完備,
即爲「補充疏釋」也。

### (五)延伸擴展:由經文某一點進行發揮,所論與經文關係較遠。

〈召南・羔羊〉:「素絲五紽」

王疏:

素絲五紽,……是詩之素絲五紽、五緎、五總,乃用之以織組紃而
以組紃飾其縫。縫有若干?各在何所?玫裘之爲制無明文,陳奐謂
裘幅廣狹與衣幅大小略相似。據儀禮圖:深衣有當肩縫、袂中縫、
續衽縫、要縫、齊縫等。或即此歟!胡氏後箋據新序及魏志注,謂
「古人裘毛在表。」又據漢書楊興薦匡衡顏注「反衣者以其毛在內」
謂「素絲施於皮革者,革既在裏,何由得見?若謂施於裘毛之上,
則毛氄蒙茸,又何由得見乎?古制芒昧,此殆難於臆解。」其説是
也。【延伸擴展】(《四家詩恉會歸》,冊一,頁 261)

其由素絲五紽發揮,言至古代裘幅廣狹與衣幅大小,進言深衣有當肩縫等法,
與經義關係較遠,爲「延伸擴展」之例。

孔穎達云：「江南義疏，十有餘家，皆辭尚虛玄，義多浮誕。」〔註26〕義疏篇幅繁重，多肇因於疏家於解釋經說時，多從經文某一點進行發揮，延伸擴展，也因其所論與經文關係較遠，故才有所謂「義多浮誕」之評。然王先生之疏多緊扣經文作解，故較無衍申無度之弊。

## （六）徵引成說：引用前人或時人的說解或問答語。

〈周南・關雎〉：「關關雎鳩」

王疏：

> 列女傳、易林、韓詩章句之文，及陸賈新語道基篇「關雎以義鳴其雄。」淮南子泰族訓「關雎興於鳥，而君子美之，謂其雌雄之不乘居也。」陰陽自然變化論「雎鳩不再匹。」【徵引成說】竝明有別之義，與傳合，皆所以釋其興意。傳下又云「又不淫其色，慎固幽深，若雎鳩之有別焉。」則兼明有別之正義也。陳奐謂「傳既釋字之訓，又釋經之義，全詩傳例如此也。」然後可以風化天下以下，又推摯而有別之德而極言之，與韓詩外傳孔子與子夏論關雎之義相合。此毛傳衍詩之微旨，實貫徹於二南及全經也。【施加案語】（《四家詩恉會歸》，冊一，頁133）

此文包含徵引成說及施加案語。王先生先引《列女傳》、《易林》、《韓詩章句》、《陸賈新語・道基》、《淮南子・泰族訓》、《陰陽自然變化論》之文，竝明有別之義，其義與傳合，「皆所以釋其興意」。〔註27〕並以傳曰：「又不淫其色，慎固幽深，若雎鳩之有別焉。」之言，兼明有別之正義也。此詩可以風化天下、推摯而有別之德，王先生以為與《韓詩外傳》孔子與子夏論關雎之義相合。並言「此毛傳衍詩之微旨，實貫徹於二南及全經也。」〔註28〕

〈召南・行露〉：「誰謂雀無角，何以穿我屋。」

王疏：

> 誰謂雀無角，何以穿我屋，陳奐云「誰、孰也。以、猶為也。鼓鐘傳：以雅以南，為雅為南也。是以、為同義。」說文「雀、依人小鳥也。穿、通也。屋、居也。」箋「雀之穿屋，不以角乃以味。」陳奐云「雀無角，鼠無牙，物之常也。今視屋牆之穿，推其類、則

〔註26〕孔穎達：《周易正義》，《十三經注疏》（台北：藝文印書館），頁2。
〔註27〕王禮卿：《四家詩恉會歸》，冊一，頁133。
〔註28〕王禮卿：《四家詩恉會歸》，冊一，頁134。

雀似有角，鼠似有牙矣，物之變也。」【徵引成說】（《四家詩恉會歸》，
冊一，頁 255）

王先生列出陳奐、《說文》、《鄭箋》之言解釋詩句，為徵引成說之法。

「徵引成說」主要是引用前人對詩句、章句之說解，疏者臚列各家說法，
徵引說解恰當之句，亦可使後人省去資料蒐羅之苦。

### （七）施加案語：對所引材料做出說明或評論。

〈周南・關雎〉：「窈窕淑女，君子好逑。」

王疏：

○窈窕淑女，傳訓窈窕為幽閒者：爾雅「冥、窈也。幽、深也。窕、
肆也。窕、閒也。」陳奐云「窈言婦德幽靜，窕言婦容閒雅。」【訓
釋詞義】案：楊雄方言「美心為窈，美狀為窕。」釋文引王肅述毛
云「善心曰窈，美容曰窕。」並以心、容分釋，心即婦德，容即婦
容。傳以幽閒分詁，意亦當同，陳解近是。【徵引成說】此析言也。
魯訓好貌者：方言「窕、美也。陳楚周南之閒曰窕。自關而西秦晉
之閒、凡美色或謂之好，或謂之窕。」廣雅釋詁「窈窕、好也。」
與王逸注義合。此渾言之也。韓訓貞專者：與傳言「貞專」，易林言
「貞一」，匡衡言「貞淑不貳」，並合。蓋自其根心之貞一，而達於
容行者為言。此統言之也。析言、渾言、統言、義並相通，故傳以
幽閒貞專連言之，是四家訓異而義同也。【施加案語】淑、善。爾雅
釋詁同。古淑俶聲通，聘禮俶獻，古文俶作淑，故說文亦云「俶、
善也。」【訓釋詞義】○君子好逑，逑、匹。爾雅釋詁「仇、匹也。」
孫炎本仇作逑。魯齊作仇者，蓋古本字。【訓釋詞義】郭注以怨匹怨
耦為釋，非詩意。傳釋好逑為好匹，魯釋為和好眾妾，以毛義為勝，
其說具上。【施加案語】（《四家詩恉會歸》，冊一，頁 134）

此文內容較為龐雜，以下試分別論述：

### 1. 釋窈窕：「傳訓窈窕」至「四家訓異而義同也」。

王先生以為傳訓窈窕為幽閒，意同楊雄、《釋文》中以心容分釋，則陳奐
所言「窈言婦德幽靜，窕言婦容閒雅。」〔註29〕近是。此析言也。

除毛傳之外，其餘三家對此句亦有所解。魯訓好貌者：王逸注與《方言》、

---

〔註29〕陳奐：《詩毛氏傳疏》，頁 14。

《廣雅·釋詁》義合，此渾言也。韓訓貞專者：與《毛傳》、《易林》等竝合，此統言之也。觀四家詁訓，無論是析言、渾言或統言，義竝相通，王先生認爲「故傳以幽閒貞專連言之，是四家訓異而義同也。」〔註30〕此爲王氏於義疏中嘗試會通四家之證。

2. 釋淑：「淑、善」至「俶、善也」。

淑女即爲善女，意指美好的女子，與《爾雅·釋詁》同，並說明因古代淑、俶聲通，故《說文》亦云「俶、善也。」

3. 釋逑：「逑、匹」至「其說具上」

「逑」，魯、齊作「仇」，此爲古本字，王先生以《爾雅·釋詁》之解爲主，釋其爲「匹」也。王先生並於疏中註明「郭注以怨匹怨耦爲釋，非詩意。」〔註31〕選出符合詩意之解。後則比較毛、魯二家說法，認爲當以毛義爲勝。

〈周南·葛覃〉：「言告師氏，言告言歸。」

王疏：

> 言告師氏，言告言歸，……案：陳引三禮及白虎通義，竝與毛傳證合。據昏義、昏禮、三月之教，知女師之教在嫁前，其說自不可易。又據禮內則「大夫以上立師、慈、保、三母。」是析稱則有三，統稱則曰母也。公羊襄三十年傳「宋災，伯姬存焉。傅至母未至，逮火而死。」則又以母與傅爲析稱之詞，不知所謂母、與師慈保三母何當？……陳奐云「婦人謂嫁曰歸。釋文：一本無曰字。正義云：定本歸上無曰字。案有曰字是也，江有汜、齊南山箋，及公羊傳、穀梁傳、杜預注左傳，皆有曰可證。詩疊用言而義別。言歸之言與言告之言不同義：言告、我告也；言歸、曰歸也。……」傳訓歸爲嫁，白虎通爲魯詩說，亦於引此詩後，以昏經嫁前之教言之，是魯毛異同之證也。引申義則歸及下文之歸寧，以次章已嫁矣。怡異則文異，文異則訓殊，漢之經師家法，又如是也。【施加案語】（《四家詩怡會歸》，冊一，頁 150）

王先生由詩中所提之「師氏」延伸解釋「三母」爲何，竝引陳奐之言以釋詩之字義，後則施加案語，認爲魯毛異同之證爲「引此詩後，以昏經嫁前之教

---

〔註30〕王禮卿：《四家詩怡會歸》，冊一，頁 134。
〔註31〕王禮卿：《四家詩怡會歸》，冊一，頁 134。

言之」。

　　〈召南・采蘋〉:「于以盛之,維筐及筥。」

　　王疏:

　　　于以盛之,維筐及筥,甫田傳云「在器曰盛。」說文「匡、飯器,
　　　筥也。或从竹。筥,䈱也。䈱、一曰飯器,受五升。秦謂筥曰䈱。」
　　　陳奐云「本爲飯器,乃以盛蘋藻也。小雅:采菽采菽,筐之筥之。
　　　筐筥盛菽,亦爲芼羹之用。」【訓釋詞義】案陳說是也。筐筥故盛黍
　　　稷,祭時亦必有粢盛;然此詩則專指毛(芼)羹之蘋藻,以其爲季
　　　女所主也。且此詩通三章爲一意,故盛之必就蘋藻而言,篇義始貫。
　　　凡在器者皆可曰盛,證以小雅采菽,則筐筥亦可以盛芼羹之物,不
　　　必泥黍(黍)稷也。王先謙云「筐筥之異,只是底有方圓;今世筥
　　　名不㬎,筐隨地有之,底方上圓,猶存古製。疑傳說非是。」案是
　　　以魯說爲當也。【施加案語】(《四家詩恉會歸》,冊一,頁 241)

先引〈甫田傳〉、《說文》、陳奐《詩毛氏傳疏》釋盛、筐、筥,隨後解釋何以
此詩之筐筥必盛蘋藻,其因爲季女所主,且如此一來,篇義始貫。

　　〈召南・甘棠〉:「蔽芾甘棠」

　　王疏:

　　　蔽芾甘棠,陳奐云「說文:蔽蔽、小艸也。爾雅:芾、小也。韓詩
　　　外傳引詩作蔽茀,卷阿傳:茀、小也。芾與茀同。我行其野箋:蔽
　　　芾、始生。始生即此傳所云小貌之義也。」案蔽芾爲小貌,陳氏疏
　　　證致礭。而歐陽氏朱子李氏迂仲皆謂爲盛貌。魏氏源謂「杜梨之樹
　　　高不數尺,召伯巡行,既不可弁帶而坐灌茇之間,復不可佝僂而坐
　　　蝸廬之內。」故疑其爲「沙棠芾茂之大樹,而非枚杜道左之小木。」
　　　愚謂其說非也。詩人蓋藉微物之樹,反形思人之深;更進而言:即
　　　使其小,亦不忍傷,所以益極其思慕之切;小乃設詞,非實狀也。
　　　諸家銈舟求劍,以辭害意矣。毛傳稱小棠之下,亦由蔽芾之設辭而
　　　誤傳其事耳。況甘棠非沙棠,諸書訓詁無異辭;而茇爲草舍,毛許
　　　訓同;農時聽訟,弁帶而坐其閒,亦猶文王卑服即田功,有何不可
　　　哉?【施加案語】爾雅釋木「杜、甘棠。妒、赤棠。白者棠。」郭
　　　注杜甘棠云:「今之杜梨。」陳奐云「是甘棠赤棠皆得謂之杜,唯別
　　　其色之白爲棠;杜可以通稱棠,棠則不可以通稱杜也。毛傳於此甘

棠釋杜，而於唐風杕杜之杜釋赤棠，竝用爾雅説。」【訓釋詞義】愚案甘棠赤棠，或一物二名，故陳啓源云「甘棠乃赤棠無疑。」又可通謂之杜，故雅訓云然。爲杜與棠之別，據説文云「棠、杜曰棠，牝曰杜。杜、甘棠也。」徐鍇繫傳「木之性有牝牡，牡者華而不實。」是以牝牡區分，合於植物學理。而雅訓以色爲判，陸璣遂謂「赤棠與白棠同，但子有赤白。」是牡性之棠亦可有子，似不及許説之諦也。【施加案語】（《四家詩怡會歸》，冊一，頁 248〜249）

文中説明有關「蔽芾」一詞究爲小貌或大貌，魏源以爲「杜梨之樹高不數尺，召伯巡行，既不可弁帶而坐灌莽之間，復不可佝僂而坐蝸廬之內。」故疑「蔽芾甘棠」應指茂盛之大樹，王先生以爲非，並言明其所持之理，因詩人藉著説明人民之不忍傷害小小的甘棠樹，是因爲召伯曾在樹下休息過，且藉著微物之樹，來形容人民思念召伯之深，後並指出諸書訓詁皆無稱甘棠爲沙棠，且毛、許二家對「菝」之訓皆同，以證其説。

　　「施加案語」爲疏者針對各家説法進行論證，無論贊成與否，均是經過疏者反覆考辨而得之，目的是爲了使經義更加顯明，若欲藉義疏了解疏者對經典之看法，由此是最易看出端倪的，更可以此一窺其學識之淵博，此乃「施加案語」所以特出於其他方法之處。

## 三、王疏之特色

　　由上所舉之例可明王疏有以下特點：

### （一）援引眾書，較論得失。

　　王氏於義疏中，援引眾書，詳加考證，除列出字書、經書之外，更引後世文學作品爲例，解釋此詞在後人使用上有無變化，例如在解釋「睢鳩」一詞時，王先生就舉了《毛詩釋文》、《説文》、《爾雅》郭璞注、《左昭十七年傳》、《禽經》、郝懿行《爾雅義疏》、邵晉涵《爾雅正義》等書作説明，可見其考證之精。且其不受限於今、古文經等學派之紛爭，旁徵博引，對比四家之説，並論其是非得失，更使後人省卻蒐羅之苦，其功可謂大矣！

　　除此之外，王先生更於義疏中臚列齊魯韓毛四家如何解經，針對有疑義的部份加以分析、比較，評斷何者爲優，或僅爲字異義同，由此亦可體見王氏如何會歸四家之學。

（二）詳註詳解，分析入微。

　　王先生以爲「經傳文詞簡古，通叚至多，演繹繁遠，必博徵覈證，得其正解，始合治經之法。」〔註32〕其義疏之學，詳具文字訓詁、名物制度之考釋，若遇眾人說法不合之處，王先生必仔細研究，加以研判，對錯誤之處，亦逐一反駁，或補充舊注所未言，或改正舊說。詳註詳解，有其獨到之見解，亦可由此見其用力與卓識。

（三）施加案語，成一家之言。

　　王先生雖於凡例中自謙無此學力以治義疏之學，然由其案語亦可窺王先生著力之深。其「所引諸說，非以古今世代爲貴賤，乃以合離經學定是非，更無今人所謂新舊之對分。」〔註33〕王禮卿先生爬梳歷代經、傳、義疏，調和齊魯韓毛四家詩，弭平學界之紛爭，儼然成一家之言。

　　綜上所述，可見王疏之特色，王先生窮一生心血，遍考群經，爲詩篇詳註詳解，考證詳實，務求完備，其義疏之學，詳具文字訓詁、名物制度之考釋，可見治學之嚴謹，此書之義疏之學，亦爲後人不可隨意忽略矣。

---

〔註32〕王禮卿：《四家詩恉會歸‧凡例》第八，冊一，頁4。
〔註33〕王禮卿：《四家詩恉會歸‧凡例》第十四，冊一，頁5。

# 第七章　結論——貢獻與價值

王禮卿先生所著《四家詩恉會歸》一書中，除解析《詩》之篇章外，並於卷首處總論詩學及四家詩，內容包含：毛詩序攷論、魯齊詩論概述、詩譜序略攷、詩學總詁〔註1〕、詩國風釋義、二南攷證、四家詩授受統系略敘等，涉及了多方面的考證。而在正文中，則包含有經傳、詩恉、恉攷、本義、詩法、繹義〔註2〕、義疏、引申義〔註3〕、推衍義等項目，可說是十分完整且全面的論著。筆者於論文中所研究之面向，誠如冰山一角，希望藉此研究，拋磚引玉，使更多學界同好認識王先生及其著作，今後如何就既有之成果，做更深入之研究、探討，實有待努力，苟有同志者，予企望之。以下即針對王先生此書之貢獻與價值作一論述。

## 一、闡發興義，有功於文藝技巧之學

興到底為何？歷代諸賢為此爭論不休已久，而王禮卿先生特考全經，「按其篇恉章旨，及興之前後分合，句次上下，審思深研；復於各篇句同義異，或句異義同，與夫句義竝同，或句義迥異，參互比證，探變尋因。」〔註4〕發見《詩》中興體包含有八大類，並將其細分為 33 小類，可說是十分詳盡。

而興體「其效各殊，其法竝異，故言有盡而意無窮，極多方之用，建詩體之奇。」〔註5〕王先生亦認為在評論詩時應兼顧「虛實」、「形神」、「剛柔」、

〔註1〕 論及詩之義用、體別、篇數、美刺、世代、歌樂、興體、文藝、音韻、三義等。
〔註2〕 依詩之本義或引申義繹（譯）詩。
〔註3〕 如詩有引申義者，後再根據引申義列其詩法及繹義，推衍義亦同。
〔註4〕 王禮卿：《四家詩恉會歸・序》，冊一，頁2。
〔註5〕 王禮卿：《四家詩恉會歸・序》，冊一，頁2。

「比興」等，論詩如此，作詩亦然，此亦可見「比興」對詩之重要：

> 比興——源出六義，比顯興隱，比直興婉，比簡興繁，比切興離，
> 比實興虛，比淺興深，興多兼比，比少兼興。三百篇興法，至數十
> 類之富（參見拙著四家詩怡會歸），漢魏至唐，盛衰遞減，深淺遞降，
> 效多拙少，仍居巧之要。〔註6〕

由上述可見興義在後代文藝技巧之學方面，仍佔有舉足輕重之地位。而王先
生於書中闡發興義、詳加細分，使興體對後世學者而言，不再只是模糊的影
像，而使其在文藝技巧之學上有著精確的定位，此爲一功也。

## 二、詳注詳解，有功於義疏之學

王先生窮一生心血，遍考群經，爲詩篇詳註詳解，於每篇「義疏」之處，
考證篇中之字、詞意，旁徵博引，論斷歷代學者之是非，標舉孰說爲是，林
師葉連在提到王先生的貢獻時標舉三大項，〔註7〕其中一項爲「旁徵博引」：

> 王禮卿先生盡一生的心力，蒐羅宏富，將歷代著名學者的說法條分
> 縷析，論其是非，較其長短。例如爲了考證 262 號〈抑〉篇的主旨
> 及作詩年代，他引用《國語》、韋昭注、侯苞《韓詩翼要》、孔穎達
> 《疏》、呂祖謙《呂世家塾讀詩記》、朱子《詩序辯說》、李樗《毛詩
> 集解》、范處義《詩補傳》、嚴粲《詩輯》、何楷《詩經世本古義》、
> 張次仲《待軒詩記》、郝敬《毛詩原解》、陳啓源《毛詩稽古篇》、姜
> 炳璋《詩序補義》、陸奎勳《陸堂詩學》、許伯政《詩深》、牟應震《毛
> 詩質疑》、顧鎮《虞東學詩》、錢澄之《田間詩學》、胡承珙《毛詩後
> 箋》諸家的說法。……王禮卿先生蒐集資料之豐富，考證之勤，由
> 此可見一斑。〔註8〕

王先生無論是論詩之三義亦或義疏詩篇，均援引眾說，考證詳實，務求完備。
書中「以漢學治經家法爲宗，會四家而無所頗畸。然於宋學諸賢之說，亦因

---

〔註6〕 王禮卿：《唐賢三體詩法詮評・序》（台北：台灣學生書局，1998 年 8 月，初
版），頁 2。

〔註7〕 1.不受限於今、古文經等學派之爭；2.旁徵博引；3.見解獨到。詳見林葉連：〈《四
家詩怡會歸》所論《詩經》篇章作者之研究〉，《漢學研究集刊》第二期，頁
90～91。

〔註8〕 林葉連：〈《四家詩怡會歸》所論《詩經》篇章作者之研究〉，《漢學研究集刊》
第二期，頁 90。

宜引錄，廣徵博辨，以其反正短長爲較證，發是非得失之結論。乃主從之別，非錯雜之體。」〔註9〕可見治學之嚴謹。

　　而其義疏之學，詳具文字訓詁、名物制度之考釋，原因爲「經傳文詞簡古，通叚至多，演繹繁遠，必博徵覈證，得其正解，始合治經之法。」〔註10〕先確定詩中文詞之意後，接下來的釋文才有所依據，故王禮卿先生在「義疏」這方面下了很多的工夫，其功力及貢獻不容忽視。

## 三、論證《詩序》，有功於古史

　　在本論文第四章有提到，歷代以來有諸多學者對《詩序》多所誤解，然陳新雄教授曰：「讀詩不宗本於序，則不能得作詩者之本意，亦不能得聖人編詩之精義。」〔註11〕其與王禮卿先生所持之觀點同。〔註12〕陳教授又云：

> 以愚觀之，書序可廢，而詩序不可廢，就詩論之，雅頌之序可廢，而十五國風之序不可廢，何也？書直陳其事而已，序者後人之作，藉令深得經意，亦不過能發明所言之事而已，不作可也。詩則異於書矣，然雅頌之作，其辭易知，其意易明；至於讀國風諸篇，而後知詩之不可無序。蓋風之爲體，比興之辭多於敘述，風諭之意浮於指斥。蓋有反覆詠歎而無一言敘作之之意者，而序乃一言以蔽之曰，爲某事也，苟非其傳授之有源，探索之無牴，則孰能臆料當時指意之所歸以示千載乎？〔註13〕

此亦可見《序》之重要。

　　而王禮卿先生論證四家詩序，考訂史事，還原詩中所指陳之事，使吾人能明書中詩教，亦知《詩》並非爲戀歌，《詩序》更非所謂村野妄人所作。王禮卿先生見解獨到，如論 303 號〈駉〉篇時，「毛主史克作。魯、齊、韓皆主悉斯所作。儘管《毛詩》一家異於三家，王禮卿先生仍然堅信《毛詩》一家

---

〔註9〕　王禮卿：《四家詩恉會歸・凡例》第十，冊一，頁4。

〔註10〕　王禮卿：《四家詩恉會歸・凡例》第八，冊一，頁4。

〔註11〕　陳新雄：〈潘師石禪之詩經學〉，《漢學研究之回顧與前瞻國際學術研討會論文集》，頁6。

〔註12〕　王禮卿：「是知無所依循，則臆測莫決，此舍序之詩之顯證也。序之功用，於此又足以見之。」
　　　　　詳見王禮卿：《四家詩恉會歸・毛詩序攷論》，冊一，頁20。

〔註13〕　陳新雄：〈潘師石禪之詩經學〉，《漢學研究之回顧與前瞻國際學術研討會論文集》，頁7。

爲可信。魏源反《毛詩》，其所舉理由，不可謂不博辯，而王禮卿先生逐一反駁，皆顯見其用力及卓識。」〔註14〕其論證《詩序》，還原詩義，乃有功於古史矣！

## 四、釐清詩篇的本義及引申義

王先生認爲，四家詩恉有本義、引申義之別，「必攷證辨覈，得其碻解。辨證明始得明恉之正。」〔註15〕然爲何在讀詩前必先釐清詩篇三義？王先生云：

> 進論本義，以其爲詩之造篇，自先之。凡本詩之正義，與羣經子史相關之通義，正義外之餘義，疑問之疑義，羣籍諸解之異義，須論正之辨義，依各篇義之多寡，一一攷論於此章。諸義明定而無不了之憾，始可盡治詩之法。

> 遞論引申義，以其爲詩之頌古，應次之。論引申諸義，與本義同，第其目差少，其有者亦同具之。

> 末論推衍義，以其爲言詩之終義，應殿之。推衍爲列國聘問，出於春秋內外傳或子史者，已散列分攷於諸章，義例已明。其出新序、說苑、外傳、及子史者，多述事言理，引詩證旨，或廣解詩義。文高簡而義要眇，例法變化亦多。必先釋文義，進明推衍之例，始會推衍義之精微，而極治詩之全。（《四家詩恉會歸·凡例》，冊一，頁4）

筆者已於書中第四章申論王禮卿先生對《詩序》的闡揚，茲不贅。

也因其不受限於今、古文經等學派之爭，釐清詩篇的本義及引申義，使歷來纏訟不休之今、古文經之爭畫下句點。林師葉連云：

> 《詩經》學家每有今、古文經的壁壘，例如陳啓源、胡承珙，一般被視爲古文家學者；而陳喬樅、魏源、王先謙，一般被視爲今文家學者。解詩若先存有鮮明的壁壘，難免有所偏袒，以致無法得到客觀的答案。王禮卿先生打破今、古文二分法，而是將四家詩看成一家人。今、古文經說法多能會歸，如有不同，也只是本義和引申義之別而已。其所解釋詩恉，有許多四家相同的例子；如有不同，今、

〔註14〕 林葉連：〈《四家詩恉會歸》所論《詩經》篇章作者之研究〉，《漢學研究集刊》第二期，頁90～91。

〔註15〕 王禮卿：《四家詩恉會歸·凡例》第三，冊一，頁4。

　　古文經也互有長短，沒有鮮明的優劣。〔註16〕
其貢獻不可不謂之大矣！

## 五、會歸四家詩爲一統，解除學界的紛爭

　　歷代以來，多將魯、齊、韓、毛四家詩視爲壁壘分明的兩種系統，可說如四瀆分流，未能匯一。然詩學源於聖門，造成今、古文之別，其肇因爲四家詩傳，各有家法，王先生感於此爲詩學之闕憾，意欲挽分裂而重定於一，故「今由詩體之殊，『言在此而意在彼』之異，致其用多方，不固於一端，所呈之象，悅悟四家之分，其故在此。準此機緘，以發流異源同，詩學歸一大法。」〔註17〕

　　觀書中所論，王禮卿先生治《詩》探索幽微、闡發奧義，如此卓越的成績，古今中外無出其右者。堪稱《詩序》與《毛傳》的功臣。其逐一析論於各篇，總歸詩學一統之大本焉，會歸四家詩爲一統，解除學界的紛爭，其功不可沒，貢獻自不言而喻。

　　王禮卿先生「此書之所爲作，厥有四端：學會四家，詩發三義，綜析興體之眾例，廣闡文藝於全經，以總歸詩學一統之大本焉。」〔註18〕觀上述所分析，其著作之貢獻與價值亦包含此四端。

　　林師葉連云：

> 王禮卿先生所著《四家詩恉會歸》，曾被四川大學向熹教授在中國《詩經》學會的《會訊》中推崇爲「四家詩學的絕唱」。其所蒐集的資料非常豐富；其考證方法十分嚴謹；對《詩經》一書的名物訓詁及微言大義都有深入的體認。王禮卿先生堪稱古今《詩經》學者當中，難得一見、成果豐碩的「大師」。〔註19〕

王禮卿先生「花一生的精力，不受今、古文經的拘限，將四家詩學資料做完備的蒐集，並且作綜合觀察與研究，其考證成績因此具有很高的參考價值。」〔註20〕其嘗云：「道爲詩體，法爲詩用。道者、『致廣大而盡精微，極高明而

---

〔註16〕林葉連：〈《四家詩恉會歸》所論《詩經》篇章作者之研究〉，《漢學研究集刊》第二期，頁90。

〔註17〕王禮卿：《四家詩恉會歸·序》，冊一，頁1。

〔註18〕王禮卿：《四家詩恉會歸·序》，冊一，頁1。

〔註19〕林葉連：〈《四家詩恉會歸》所論《詩經》篇章作者之研究〉，《漢學研究集刊》第二期，頁50。

〔註20〕林葉連：〈《四家詩恉會歸》所論《詩經》篇章作者之研究〉，《漢學研究集刊》

道中庸』。故三百篇與道為一體，列入經學，覃溥諸子。慨自五四後，詩道淪亡，尟有專治經學之著述，愚著『四家詩恉會歸』，妄殿經學終局而作也。」〔註21〕此亦可見王禮卿先生對此書所寄與之厚望。

由上述所言，可知王禮卿先生對《詩經》學之貢獻與價值何在，王先生四十餘年，寢饋於詩，終成此鉅作，實乃學界之大幸也！其友成惕軒曾謂「此書為經學最後之筆。」〔註22〕誠可為此書之總評矣！

第二期，頁 93。

〔註21〕王禮卿：《唐賢三體詩法詮評・序》（台北：台灣學生書局，1998 年 8 月，初版），頁 1。

〔註22〕王禮卿：《四家詩恉會歸・序》，冊一，頁 2。

# 附錄一

筆者於 2007/3/17 上午 10:00～10:50 以電話方式訪談王禮卿先生之女——王令樾教授（目前任教於輔仁大學中國文學系），以下為訪談內容。

## 一、家世背景

王禮卿先生出生於浙江，8 歲後才回到祖籍地山東。王家為書宦世家，家學淵源，家學傳授《昭明文選》，這也影響到王禮卿先生後來著述了《歷代文約選詳評》這套書。因為有家法的傳承，再加上家中對經學極為重視，王禮卿先生自幼即奠立深厚的國學基礎，這也是王先生著作領域較廣之原因。

王令樾教授說，因為家中世代仕宦，曾祖父亦希望父親能參加科考，在教育方面仍是採取傳統的授教方式，故王禮卿先生並沒有進入現代學校。但因為時代轉換，民國成立，廢除了科考制，王禮卿先生以自修學力去參加全國高考普通行政科，名列全國第四，國家分發至南京做行政方面的工作，後來回到山東省政府工作。也因為如此，王禮卿先生覺得對於祖父是可堪告慰了。

王禮卿先生其後隨政府遷台，因為對政治沒有興趣，故轉而投入教職。當時因為台灣設立的大學並不多，所以先在高中職任教，曾在台灣省立工學院（成功大學前身）的附設學校教書，後因台灣省立工學院改制為台灣省立成功大學，增設中國文學系，王禮卿先生便進入成功大學中文系任教。〔註1〕

---

〔註1〕 成功大學校史：「民國 45 年，本校改制為台灣省立成功大學。增設文理學院及商學院，文理學院設中國文學、數學、物理等三學系。商學院設工商管理、交通管理、會計統計等三學系，廢共同學科。」（詳見 http://www.ncku.edu.tw/ver2006/ch/ncku/intro/history.htm）

　　當時台灣省立農學院增設理工學院，與台北法商學院合併成爲「台灣省立中興大學」。〔註2〕而李滌生教授〔註3〕與王禮卿先生私交甚篤，故延聘王先生至中興任教，王禮卿先生遂離開成大。同一時間，東海大學中文研究所所長也請王教授前往任教，後與李炳南先生（雪公）〔註4〕結識，民國六十二年，於「台中佛教蓮社內典研究班」〔註5〕授課，時間長達四年。

　　王禮卿先生育有二子三女，王令樾教授提到，因爲祖父母在大陸已亡故，所以家中並不是三代同堂的情形。

## 二、處事態度與人生哲學

　　王令樾教授回憶起她的父親，認爲其父的個性是堅強且正直的。

　　王家是望族，祖先歷代爲官，是仕宦人家。王令樾教授說，在她的曾祖父以上均有名第，代代接續爲官，家族中曾出過狀元，曾祖父在清代時爲二江道台，故祖業豐隆、家境富饒，也因此需要有人來主持家計。「我的祖父共育有三子，父親雖是最小的兒子，但在年輕時即負責主持家計，面對外在的人、事，遇到困難時，很能面對，不逃避，總是堅強的面對一切事物，所以我認爲他是個很堅強的人。」

　　王禮卿先生爲人淡泊、清高自持，對名利不甚重視，在意的是名聲。王令樾教授說：「他在面對很多事都主張正義，我父親曾跟我說過一句話：『人到無求品自高。』」王禮卿先生在家中是嚴厲且具權威的父親。王令樾教授回憶，雖然父親是以嚴厲的態度管教孩子，但因爲她是家中最年幼的女兒，所以父親對她一直是很溫和的，也很疼愛她。而在王令樾教授心中，父親是個很慈祥的人，他不會體罰孩子，也不會大聲責備，但沒笑容時，孩子會畏懼，

---

〔註2〕　中興大學校史：「民國三十四年，台灣光復以來，經過改組更名爲『台灣省立農業專科學校』。民國三十五年，又改制爲『台灣省立農學院』。民國五十年，位於台中的台灣省立農學院增設理工學院和民國三十八年台北創立的法商學院（原爲省立地方行政專校），合併成爲『台灣省立中興大學』。」（詳見http://140.120.1.20/~secret/secret/html/school_history/School_HistoryFrameset.htm）

〔註3〕　中興大學中文系的第一任系主任。

〔註4〕　李炳南（1890～1986），名艷，字炳南，號雪廬，法號德明，別署雪廬、雪叟。在台中市建立佛教蓮社爲弘法中心。

〔註5〕　此機構專門培育佛經注疏語譯的人才，當時只招收八位學員，延聘許多教內大德如：會性法師、淨空法師、王禮卿先生、周家麟老師、徐醒民老師與李炳南老師，分別講授佛學等課程。

就會自我收斂，是個不怒而威的人。在對子女的教育態度上，王禮卿先生對孩子的要求並不是在成績和名次上，也不會要求孩子一定要考第一，但會希望孩子讀很多書，能繼續往上深造。

當筆者詢問王令樾教授對父親的哪些言行、處事印象最為深刻時，王令樾教授說：「我的父親教書很敬業，做研究也非常勤奮，一輩子都在著述，每天都會有固定的時間寫作。我們家是很傳統的家庭，男主外、女主內，所以都是父親負責對外一切事務，而家中事情由母親負責。我想這也是因為母親將父親照顧得非常好，家務事也打理得很好，所以我的父親就可以專心寫作。」這樣的家教與環境也影響到王令樾老師的教學。「舉例而言，從小我看父親在改作文時，總是改得很仔細，所以在我自己教書時，也自然而然的受父親影響，改作文也是很仔細，不會隨便畫幾個圈就了事。」

當筆者請問王令樾教授，她會從事學術研究，是否受到父親的影響時，王令樾教授回答：「我想是有的，因為我是家中最小的女兒，出生時與兄姊年紀相差頗多，所以比較少與兄姐玩在一起，小時候幾乎都跟在父母身邊，父母親會為我講授中國典籍，從小耳濡目染，就對中文產生了興趣。」

## 三、王禮卿先生的興趣與嗜好

王令樾教授說：「我想我父親的興趣與嗜好就是寫作與研究，他每天早上會做做運動，除此之外，好像也沒有其他的嗜好。從我有記憶以來，我的父親都是早上五點起床，晚上九點就寢，生活十分規律，就連最後進了醫院時也是一樣。我的父親身體一向很好，不過在 81 歲時得了胃癌，當時切除了 1/4 個胃，也動過將胃與腸接在一起的手術，胃癌一直都沒有擴散，也沒有帶來什麼太大的疼痛，最後我父親過世是因為胃出血的關係，送進醫院的隔天即逝世了。」

王令樾教授說，她的父親只要一出書就是家中五個孩子各有一套，並會在上面題字，所以父親的著作是每一家都有的。至於各書的手稿，多留存於兄姐處，因為王家是傳統家庭，長幼有序。不過王令樾教授保留了父親大部分的圖書。

王禮卿先生對佛學有極大興趣，在 40 歲左右皈依南亭法師，〔註6〕在讀

〔註6〕 法名本淨（資料來源為〈王禮卿先生事略〉）。

經方面下了很大的心力，個人作爲也深受佛經影響。但筆者似乎並未見到王教授寫過有關於佛學的著作。關於這點，王令樾教授很肯定的說：「對，沒有任何一篇是關於佛學的。」她個人猜測，父親應該是覺得佛教的內典是很崇高的，要以修身爲主，在這一方面，王禮卿先生是很謹愼的。

## 四、生命中最得意或認爲最有意義的事情

王令樾教授猜想，父親認爲最有意義的事情應該是完成了這些著述。〔註7〕除此之外，應該就是培植長孫，王教授的長孫是所謂的資優生，小時候曾在王教授家住過一段時間，但因孩子想念父母，所以最後還是回到父母身邊。一直到高中時，才回到台中就讀台中一中，後來考上清華大學，並到哈佛大學深造，表現一直非常優秀，雖然其他孫子亦很傑出，但因爲傳統的關係，所以會認爲長孫是比較重要的，所以會花比較多的心力去照顧他。〔註8〕

當筆者問到關於王禮卿先生對他個人最滿意的著作是哪一部時，王令樾教授覺得應該是《四家詩恉會歸》，因爲這一部書的著述時間最長，也最大部頭，她相信父親在完成這部書後也很開心。關於這一部書，王令樾教授說：「在我父親早年開始講授《詩經》課時就有很多心得，當時只是隨手寫一些單篇文章，一直到晚年退休後才開始動筆一章一章的寫。其目的除了是爲了會歸四家詩以外，也是思想、義理與文學的整理會歸」。而王禮卿先生爲了要發揚《詩序》本身的重要性與四家詩的異同，在著述期間不斷翻閱文獻、不斷研究，並參考《皇清經解》、《通志堂經解》等書，所以在《四家詩恉會歸》這套書中是帶著考證性的。王令樾教授強調，父親寫作時，博辨古籍，注重音義訓詁，而後從考據到義理思想。以至傳統的文學理論、文學批評都兼及，所以亦是一部二百餘萬字的書籍。

王禮卿先生的所有著述均使用文言撰寫，就王令樾教授的記憶，父親與老朋友之間的書信也是使用文言，只有對年輕學子偶爾會使用白話。

王禮卿先生平日素有作詩的興趣，對駢體與散文也很喜歡，後來集結成《誦芬館詩集》、《誦芬館文集》。〔註9〕

---

〔註7〕 其著作一共有五，分別爲《歷代文約選詳評》、《遺山論詩詮證》、《文心雕龍通解》、《四家詩恉會歸》、《唐賢三體詩法詮評》。

〔註8〕 王禮卿先生一共有4個孫子，有2位在美國，所以平時較少碰面。

〔註9〕 他的妻子亦留有一部詞集。

# 五、後　記

　　在這次的電話訪談後，讓我得以對王禮卿先生其人其事有了多方面而且深切的認識，透過王令樾教授所述說的父親形象，約略可以勾勒出王禮卿先生其人一幅清高自持、淡泊名利的繪像。對學問有著過人的堅持，一生誨人不倦，春風化雨，桃李無數。所著宏富，博大精深，不啻爲經師，更爲人師，誠可推尊爲罕見的大儒。

　　王先生歷四十餘年，彙研漢朝四家詩之學，以三義：本義、引申、推衍，分證四家詩恉乃流異源同，斯其一也。先生成此經學鉅著，其友成惕軒嘗言：「此書爲經學最後之筆。」〔註10〕四川大學向熹教授亦在《中國詩經學會會訊》，譽此書爲：「四家詩之絕唱」。〔註11〕十分感謝王令樾教授接受訪談，對筆者今後研究王禮卿先生的學術實有莫大的助益。

---

〔註10〕王禮卿：《四家詩恉會歸・序》，頁3。
〔註11〕轉引自林葉連：〈《四家詩恉會歸》所論《詩經》篇章作者之研究〉，《漢學研究集刊》第二期，頁50。

# 附錄二

**王禮卿先生照片**（感謝王令樾教授提供）

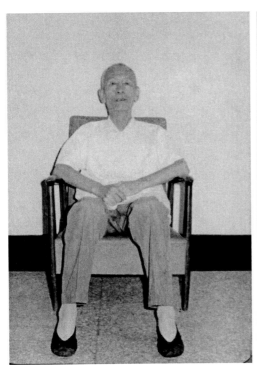

照片背面註明，攝於民國 67 年 8 月。

# 參考書目

依作者姓氏筆劃排列

## （一）專　書

1. 王先謙：《詩三家義集疏》（台北：鼎文書局，民國 62 年 5 月，初版）
2. 王肅注：《孔子家語》，收入《文淵閣四庫全書‧子部》第 695 冊（台北：台灣商務印書館，2005 年）
3. 王質：《詩總聞》，收入《文淵閣四庫全書‧經部》第 66 冊（台北：台灣商務印書館，2005 年）
4. 王靜芝等：《經學論文集》（台北：黎明文化事業有限公司，民國 71 年 10 月，再版）
5. 王禮卿：《四家詩恉會歸》（台中：青蓮出版社，民國 84 年 10 月，初版）
6. 王禮卿：《遺山論詩詮證》（臺北：中華叢書編審委員會，民國 65 年）
7. 王禮卿：《歷代文約選詳評》（臺北：茂昌圖書，民國 74 年）
8. 王禮卿：《文心雕龍通解》（臺北：黎明文化，民國 75 年）
9. 王禮卿：《唐賢三體詩法詮評》（臺北：臺灣學生書局，1998 年）
10. 文幸福：《詩經毛傳鄭箋辨異》（台北：文史哲出版社，民國 78 年 10 月，初版）
11. 方玉潤：《詩經原始》，收入《續修四庫全書》第 73 冊（上海：上海古籍出版社，2002 年）
12. 孔穎達疏：《毛詩正義》，《十三經注疏‧詩經》（台北：藝文印書館，1976 年）
13. 皮錫瑞：《經學歷史》（台北：台灣商務印書館，1984 年）
14. 皮錫瑞：《經學通論》（北京：中華書局，2003 年 11 月，北京第 8 次印刷）

15. 牟潤孫:《注史齋叢稿》（台北:台灣商務印書館,民國 79 年 6 月,台灣初版）

16. 朱熹:《詩集傳》（台北:學海出版社,2001 年 5 月,一版）

17. 成伯璵:《毛詩指說‧解說第二》,收入《通志堂經解（十六)》（台北:台灣大通書局）

18. 江乾益:《詩經之經義與文學述論》（台北:文史哲出版社,民國 93 年,初版）

19. 呂祖謙:《呂氏家塾讀詩記》（台北:臺灣商務印書館,四部叢刊本,民國 55 年,臺一版）

20. 阮元:《十三經注疏》（台北:藝文印書館,民國 90 年 12 月,初版十四刷）

21. 岡元鳳:《毛詩品物圖攷》（台北:廣文書局,民國 74 年）

22. 林登順:《魏晉南北朝儒學流變之省察》（台北:文津出版社,民國 85 年 4 月,初版）

23. 林葉連:《詩經論文》（台北:臺灣學生書局,1997 年 3 月,增訂版）

24. 林葉連:《中國歷代詩經學》（台北:臺灣學生書局,2000 年 9 月,三刷）

25. 林慶彰編:《中國經學史論文選集》（台北:文史哲出版社,民國 81 年 10 月,初版）

26. 林耀潾:《西漢三家詩學研究》（台北:文津出版社,1996 年 9 月,初版）

27. 范曄撰,李賢注,王先謙集解:《後漢書集解》,收入《二十五史》,冊六（台北:藝文印書館,出版年月不詳）

28. 姚際恆:《姚際恆著作集》（台北:長達印刷有限公司,民國 83 年 6 月,初版）

29. 姚際恆:《詩經通論》（台北:廣文書局,民國 77 年 10 月,三版）

30. 胡樸安:《詩經學》（台北:臺灣商務印書館,民國 77 年 5 月,臺五版）

31. 夏傳才:《詩經語言藝術》（台北:雲龍出版社,1990 年 10 月,臺一版）

32. 夏傳才:《思無邪齋詩經論稿》（北京:學苑出版社,2000 年 9 月）

33. 高明乾、佟玉華、劉坤:《詩經動物釋詁》（北京:中華書局,2005 年 1 月）

34. 耿煊:《詩經中的經濟植物》（台北:台灣商務印書館,1974 年 10 月,初版）

35. 馬宗霍:《中國經學史》（台北:學海出版社,未著明出版年月）

36. 馬瑞辰:《毛詩傳箋通釋》（台北:廣文書局,民國 88 年 5 月,再版）

37. 班固:《漢書》,收入《仁壽本二十六史》（台北:成文出版社,民國 60

年，初版）

38. 徐復觀：《中國經學史的基礎》（台北：台灣學生書局，2004 年 9 月，四刷）

39. 陸文郁：《詩草木今釋》（台北：長安出版社，1992 年）

40. 陸璣：《毛詩草木鳥獸蟲魚疏》（台北：中華書局，1985 年）

41. 陳子展：《詩經直解》（台北：書林出版社，民國 81 年 8 月）

42. 陳奐：《詩毛氏傳疏》（台北：臺灣學生書局，民國 75 年 10 月）

43. 陳振孫：《直齋書錄解題》（台北：廣文書局，民國 68 年 5 月，再版）

44. 陳啓源：《毛詩稽古編》（山東：山東友誼書社，1991 年 10 月，第 1 次印刷）

45. 陳喬樅：〈三家詩遺說考〉，收入《叢書集成續編》，第 109 冊（台北：新文豐出版社，民國 78 年）

46. 陳新雄：〈潘師石禪之詩經學〉，《漢學研究之回顧與前瞻國際學術研討會論文集》（台北：國立台灣師範大學國文學系，2006 年 4 月）

47. 許慎撰，段玉裁注：《說文解字注》（台北：洪葉文化事業有限公司，1999 年）

48. 湯用彤：《漢魏兩晉南北朝佛教史》（台北：臺灣商務印書館，民國 80 年 9 月，臺二版）

49. 傅隸樸：《詩經毛傳譯解》（台北：台灣商務印書館，民國 74 年 10 月，初版）

50. 程元敏：《詩序新考》（台北：五南出版社，2005 年 1 月，初版一刷）

51. 程元敏：《王柏之詩經學》（台北：嘉新水泥公司文化基金會，民國 57 年 10 月，初版）

52. 馮浩菲：《歷代詩經論說述評》（北京：中華書局，2003 年 10 月）

53. 聞一多：《聞一多全集》（台北：里仁書局，民國 82 年 9 月 20 日）

54. 黎靖德編：《朱子語類》（台北：文津出版社，民國 75 年 12 月）

55. 劉勰：《文心雕龍》（台南：綜合出版社，1989 年 8 月）

56. 鄭玄：《毛詩鄭箋》（台北：學海出版社，民國 90 年 9 月，再版）

57. 潘富俊著，呂勝由攝影：《詩經植物圖鑑》（台北：貓頭鷹，2001 年）

58. 簡博賢：《今存南北朝經學遺籍考》（台北：黎明文化，民國 64 年）

59. 蘇轍：《詩集傳》，收入《文淵閣四庫全書·經部》第六十四冊（台北：台灣商務印書館，2005 年）

## （二）學位論文

1. 文鈴蘭：《詩經中草木鳥獸意象表現之研究》（台北：國立政治大學中文

所碩士論文，民國 75 年）

2. 江乾益：《陳壽祺父子三家詩遺說研究》（台北：國立台灣師範大學中國
   文學研究所碩士論文，民國 73 年）

3. 江乾益：《前漢五經齊魯學之形成及其影響研究》（台北：國立台灣師範
   大學中國文學研究所碩士論文，民國 79 年）

4. 周玉琴：《詩經天文地理意象研究》（高雄：國立中山大學中國文學系碩
   士論文，民國 85 年 6 月）

5. 康秀姿：《孔穎達《毛詩正義》解經探論》（台中：國立中興大學中國文
   學系，民國 87 年 6 月）

6. 戴榮冠：《南朝儒經義疏之時代特色》（台南：國立成功大學中國文學研
   究所，民國 94 年 6 月）

## （三）期刊論文

1. 治喪委員會：〈王禮卿教授事略〉，《中國國學》第 25 期（民國 86 年 10
   月），頁 233～234。

2. 林葉連：〈《四家詩恉會歸》所論《詩經》篇章作者之研究〉，《漢學研究
   集刊》第二期（民國 95 年 6 月），頁 49～98。

3. 林葉連：〈《詩經》的愛情教育——以〈關雎〉篇爲中心〉，《文理通識學
   術論壇》第四期（民國 89 年 8 月），頁 11～36。

4. 林葉連：〈《詩經》學的指南——《詩序》〉，《文理通識學術論壇》第五期
   （民國 90 年 10 月），頁 7～19。

5. 林慶彰：〈《孔子詩論》與《詩序》之比較研究〉，《經學研究集刊》創刊
   號（2005 年 10 月），頁 1～12。

6. 黃忠慎：〈清代中葉《毛詩》學三大家解經之歧異——以對〈詩序〉、《毛
   傳》、《鄭箋》的依違爲考察基點〉，《國文學誌》第 6 期（2002 年 12 月），
   頁 91～112。

7. 程元敏：〈程敬叔的讀經法〉，《孔孟月刊》8 卷 5 期（民國 59 年 1 月），
   頁 17～18。

## （四）網站資料

1. 中興大學校史：
   http://140.120.1.20/~secret/secret/html/school_history/School_HistoryFrames
   et.htm

2. 成功大學校史：
   http://www.ncku.edu.tw/ver2006/ch/ncku/intro/history.htm

3. 國家圖書館文史哲論文集篇目索引系統：
   http://memory.ncl.edu.tw/tm_sd/index.jsp